NOUVELLE VIE

DE

SAINTE ULPHE,

VIERGE,

PATRONNE DE L'ÉGLISE D'AMIENS.

AMIENS,

CHEZ LEDIEN FILS, IMPRIMEUR-LIBRAIRE,

RUE ROYALE, Nº 10.

1841.

VIE

DE SAINTE ULPHE VIERGE.

# Ste COLOMBE.

Abbaye de Bussy-les-Daours au diocèse d'Amiens.

Ecce elongavi fugiens et mansi in solitudine. Psalm 54.

NOUVELLE VIE

DE

SAINTE ULPHE,

VIERGE,

PATRONNE DE L'ÉGLISE D'AMIENS,

SUIVIE

DE DIVERSES EXERCICES DE DÉVOTION EN SON HONNEUR,

Par *** A. M. D. G.

> Tu honorificentia populi tui... eò quod castitatem amaveris, ideò benedicta in æternum. (Judith 15.)
>
> Vous qui êtes la gloire de votre peuple ; parce que vous avez aimé la chasteté, votre nom sera en éternelle bénédiction.

AMIENS,

CHEZ LEDIEN FILS, IMPRIMEUR-LIBRAIRE,

RUE ROYALE, N° 10.

1841.

DISCOURS PRÉLIMINAIRE

POUR SERVIR DE PRÉFACE.

Il y a onze siècles vivait, dans l'antique province de Picardie, une humble vierge que l'église d'Amiens a toujours honorée comme l'une de ses insignes Patronnes, et dont elle se fait gloire de conserver la mémoire dans ses annales.

Sainte Ulphe, c'est le nom de cette glorieuse servante de Jésus-Christ, a retracé dans sa personne la vie que menaient les anciens anachorètes, et sous la conduite d'un saint Diacre qui vivait lui-même comme un autre Jean-Baptiste, elle a passé près d'un demi-siècle confinée dans le fond d'une vallée déserte dont les abords étaient défendus par une enceinte de bois épais.

Les vertus héroïques qu'elle a pratiquées lui ont mérité, durant sa vie, la vénération des peuples. Les prodiges opérés à son tombeau ont rendu sa mémoire encore plus célèbre, après sa mort. Aussi a-t-elle été pour les habitants d'Amiens et pour ceux des contrées environnantes, une des Protectrices les plus vénérées.

D'anciens monuments attestent les honneurs extraordinaires rendus à ses saintes reliques et la confiance des fidèles en son intercession. Cette confiance n'était pas circonscrite dans les limites de la province où elle a vécu ; elle s'étendait jusques dans les pays soumis à des Dominations étrangères. Pendant plusieurs siècles, de pieux Pélerins sont venus de la Belgique et d'au-delà des mers, lui rendre hommage et réclamer son secours. Sans être maintenant aussi répandu et aussi vif, que dans ces beaux siècles du christianisme, qu'on peut appeller *les siècles d'or de la foi,* ce sentiment de respect et de confiance pour sainte Ulphe subsiste encore dans bien des cœurs. Il reste attaché non-seulement à son nom et à sa mémoire, mais même aux lieux solitaires qu'elle a habités ; on dirait qu'elle y a laissé une odeur de sainteté que le temps n'a pas altéré ; grand nombre d'âmes pieuses ont encore la dévotion d'aller visiter l'endroit où était jadis le pauvre ermitage *de la bonne sainte Ulphe,* de s'agenouiller sur les bords *de sa fontaine,* pour prier au pied de sa statue et pour y puiser *de son eau.*

Toutefois, il faut en convenir, le temps qui détruit tout, entraîne souvent avec lui les traditions les plus vénérables. A la longue, les souvenirs les plus édifiants et les mieux accrédités s'effacent de l'esprit des peuples. Ce dépérissement n'est jamais plus rapide, que lorsqu'une froide indifférence pour tout ce qui tient à la religion, vient se joindre à la succession des années. Dans les siècles de foi, la mémoire des saints personnages que l'église honore, est un dépôt sacré que les générations gardent avec amour et qu'elles se transmettent avec une religieuse fidélité. Tout ce qui a été à leur usage, ce qu'ils ont touché, le *chêne* qui leur a servi d'abri, le *bâton* sur lequel ils se sont appuyés, la *pierre* où ils se sont reposés dans leurs voyages ; tout participe, en quelque sorte, à leur sainteté, tout devient l'objet d'une sorte de culte ; mais dans les siècles d'irreligion, ces souvenirs n'ont plus rien qui attache... C'est un héritage qu'on délaisse, qu'on répudie... On ne voit dans les Saints que des censeurs qui importunent, que des guides dont on n'a que faire... On cesse d'être de la même famille. Est-il étonnant qu'on les oublie? est-il étonnant qu'on dédaigne les monuments qui nous les rappellent?

Grâces au ciel, cette contagion n'est pas devenue universelle. Le Seigneur compte encore un grand nombre d'adorateurs fidèles qui le servent *en esprit et en vérité*. Ces vrais enfants de l'église s'intéressent encore à la gloire des Saints. Ceux-là comprendront aisément le but que nous nous sommes proposé, en publiant ce nouveau récit des œuvres et des vertus de sainte Ulphe.

Quant à ceux qui auraient peine à expliquer le soin que nous mettons à relever la gloire d'une humble Vierge dont le nom ne leur est peut-être pas même connu, nous ne chercherons pas à leur faire partager notre dévotion envers cette ame bienheureuse, ou pour parler le langage du jour, *à leur faire épouser nos religieuses sympathies ;* mais nous leur demanderons s'il est juste de laisser tomber dans l'oubli des célébrités que la religion revendique, tandis qu'on met tant d'ardeur à réhabiliter des renommées profanes, pour ne rien dire de plus.

Nous sommes à une époque où tous les regards semblent tournés vers l'antiquité ; on dirait qu'on veut lui faire *Amende honorable* d'avoir si long-temps méconnu ses productions monumentales. Nous ne pouvons qu'applaudir à cette manifestation de bienveillance envers les siècles passés : nous nous réjouissons de cet empressement à leur payer ce tribut d'admiration que nous leur

croyons légitiment dû.... Nous n'irons pas chercher le principe de ce retour d'estime envers des
temps naguères si décriés ; mais cette antiquité
ne nous a-t-elle laissé que des monuments la-
pidaires, que des chefs-d'œuvre d'architecture
gothique?... Il est un legs plus précieux dont
elle nous a dotés ; ce sont des *chefs-d'œuvre* d'un
autre genre ; ce sont, s'il est permis de parler
ainsi, les *chefs-d'œuvre* de perfection évangélique que ces siècles reculés ont enfantés... C'est
sans doute un mérite de restaurer les *édifices-
modèles* dans l'art de bâtir des temples au vrai
Dieu ; mais n'en est-ce pas un de faire revivre ces
modèles dans l'art bien supérieur de servir le Roi
immortel des siècles. Si, comme on le répète et
comme nous aimons à le croire, ce goût pour les
constructions antiques où l'inspiration de la foi a
encore eu plus de part que celle du génie, est
un signe de *retour vers les croyances catho-
liques*, pourrions-nous rien faire de plus favo-
rable à cet élan religieux, que de reproduire des
vertus dont la religion seule a été le principe et
l'aliment ?

Notre intention est donc bien moins de piquer
la curiosité de nos lecteurs par des récits d'évé-
nements singuliers et éclatants, que de les édifier
par le simple exposé de la vie d'une héroïne

chrétienne, dont le principal mérite a été de se faire oublier et de tout sacrifier, pour acquérir *l'unique nécessaire*... Ce que nous nous sommes proposé, en même temps, c'est de réveiller la dévotion envers une Sainte dont nos ancêtres ont tant de fois éprouvé l'assistance, dans leurs besoins spirituels et temporels.

Si sainte Ulphe s'est montrée propice aux vœux de nos pères, pourrait-elle être indifférente aux supplications de leurs enfants, eux dont les nécessités sont encore plus pressantes et plus multipliées?... Ne doit-elle pas s'intéresser encore au bonheur d'une contrée où elle a recueilli une si abondante moisson de bénédictions et de mérites! Peut-on douter que du haut du ciel où elle règne, elle n'abaisse, avec complaisance, ses regards sur cette solitude si long-temps confidente de ses soupirs et de ses ardentes prières... sur la place de cette *pauvre cellule* témoin de tant macérations, de veilles et de combats... sur ces campagnes où elle *a semé dans les larmes ce qu'elle moissonne maintenant dans la joie?* — Ne doit-elle pas conserver un sentiment de prédilection pour une terre où ses exemples et ses leçons ont fait fleurir le lys de la virginité,... pour une Cité où sa dépouille mortelle a été, durant tant de siècles, l'objet de la vénération du clergé et du peuple, et où, plus d'une fois, elle a reçu les hommages des têtes couronnées (*).

Hélas ! ce précieux dépôt n'a pas échappé à la fureur du vandalisme révolutionnaire. Dans ces jours d'horreur où il fut donné à l'impiété triomphante de *faire la guerre à Dieu et à ses Saints*, la châsse de la Bienheureuse enrichie d'âge en âge par la pieuse munificence de nos aïeux, a été arrachée de sa sainte demeure ; et elle est devenue, comme tant d'autres dépouilles des sanctuaires, la proie d'une rapacité sacrilège. Les sacrés ossements qu'elle renfermait, ont été dispersés... Toutefois, grâce au zèle de quelques âmes chrétiennes, une portion de ces saintes reliques, sauvée de la profanation, a été rendue à la vénération des fidèles. Mais quand ce trésor, si digne de nos regrets, eût été entièrement perdu, nous pourrions toujours nous consoler, si nous conservons un autre trésor bien plus inestimable, c'est-à-dire, le souvenir de ses

____

(*) Le corps de sainte Ulphe a été transféré en l'an 1278, peu de temps après la dédicace de la Cathédrale ; il fut placé, ainsi que celui de saint Domice, sous le maître autel de cette magnifique basilique. On verra au 8e chapitre les hommages que les rois de France et d'Angleterre lui ont rendus.

vertus. Voilà le patrimoine dont nous devons être saintement jaloux, et dont il nous importe de ne jamais nous dessaisir. A quoi sert, en effet, de posséder les reliques des Saints, de nous prosterner devant leurs précieux restes, si notre vie est en opposition avec les exemples qu'ils nous ont laissés ?.... Soyons donc intimement convaincus que le culte le plus honorable pour sainte Ulphe, le plus cher à son cœur, c'est l'imitation de ses vertus.

Mais, dira-t-on peut-être, comment retracer les œuvres d'une Sainte qui s'est reléguée au milieu des bois et qui a suivi une route si éloignée de la vie commune ?.... Convient-il même de la proposer pour modèle aux personnes de son sexe?

Cette réflexion serait fondée, si nous confondions dans cette illustre Vierge, ce qui vient d'une inspiration spéciale, avec la pratique des vertus essentielles à son sexe et propres à toutes les conditions ; si nous invitions à l'imiter dans ce qui sort des règles communes, comme dans ce qui s'accorde avec les obligations de la vie ordinaire. Mais de bonne foi, pourrait-on nous supposer une telle intention? En publiant les actions de cette chaste Epouse du Roi des Vierges, nous faisons le discernement que le simple bon sens indique et dont chacun sait faire l'application à ces

paroles sorties de la bouche de la sagesse incar-
née : *Soyez parfaits comme votre Père céleste
est parfait.* (Math. 5. 48). A qui est-il venu
jamais dans l'esprit qu'elles renfermaient une
invitation de copier la Divinité dans ses œuvres
et ses perfections infinies ?.... Est-il nécessaire
d'être initié aux profondeurs de la théologie, à
l'interprétation des saintes obscurités de la parole
divine, pour décider que le divin Législateur,
en cet endroit du saint évangile, ne fait que nous
engager à nous rendre, chaque jour, moins im-
parfaits, sans jamais vouloir nous faire sortir de
la sphère de l'humanité dont l'imperfection est
le premier apanage ? De même, quand nous en-
gageons les vierges chrétiennes à imiter sainte
Ulphe, nous ne leur disons pas : « A son exemple,
» quittez vos familles ; allez, comme elle, habiter
» les forêts ». Mais nous leur disons : « Imitez son
» éloignement des plaisirs frivoles et dangereux ;
» — imitez sa piété, son assiduité à la prière, son
» union constante avec Dieu, — imitez son amour
» pour la plus belle des vertus, celle qui fait l'or-
» nement et le trésor de votre sexe..... Comme
» elle, craignez le péché plus que la mort ; re-
» doutez-en toutes les occasions... Comme elle,
» mettez votre salut avant tout ;... plutôt que
» de l'exposer, sacrifiez tout ce que vous avez

« de plus cher au monde. Si vous trouvez qu'elle
« en a trop fait, faites au moins le nécessaire. »
Quel esprit assez ombrageux pour s'effaroucher
de la publication d'un livre, où, tout en propo-
sant les exemples des plus sublimes vertus, on ne
demande, à ceux qui le liront, que l'accomplissement des promesses du baptême, et des devoirs
imposés à chacun, selon son état?... Une telle exi-
gence aurait-elle quelque chose d'exagéré ou de
dangereux?... Hélas! il y a des livres bien autrement faits pour effrayer, et qui cependant n'ef-
fraient pas. Ce sont ces œuvres de pestilence que
le génie du mal propage avec un acharnement sa-
tanique; ce sont ces productions corruptrices qui
infectent tous les âges et toutes les conditions, et
dont les familles chrétiennes ne savent pas toujours se garantir... Il ne nous est pas donné de
mettre une digue à ce torrent de purulence qui,
du sein des cités, s'est débordé sur nos hameaux.
Nous nous bornerons à signaler ce fléau, le plus
funeste de tous les fléaux, et à gémir sur le
sort des générations qu'il dévore. Qu'il nous
soit seulement permis de déplorer l'aveuglement
inexplicable de certains esprits, que ces dé-
testables lectures ont tellement faussés, qu'ils
*prennent les ténèbres pour la lumière, et qu'ils
appellent bien ce qui est mal!*.. Il arrivera peut-

être que tel père de famille, qui souffre dans sa maison, garde dans sa bibliothèque, ces productions licencieuses, sans la moindre inquiétude, sera très-alarmé de voir entre les mains de son épouse et de sa fille, l'*histoire d'une vierge chrétienne, qui a quitté son pays et ses parents, pour aller passer sa vie dans un désert.* Qui sait s'il ne croira pas sa conscience obligée d'interdire *une lecture aussi peu édifiante et aussi dangereuse?* une inconséquence de cette nature, n'aurait rien de surprenant dans un siècle familiarisé avec les contradictions les plus flagrantes et les plus bizarres.

Nous n'essayerons pas de calmer de semblables scrupules, ce serait travailler en vain... Une telle cure n'est pas en notre pouvoir. Nous nous contenterons de répéter à l'universalité de nos lecteurs, qui, grâces à Dieu, ne partageront pas ce délire : Que l'exemple de sainte Ulphe, quoiqu'au jugement de l'église elle n'ait fait qu'obéir à l'esprit du Seigneur, est une exception aux règles établi par la sagesse éternelle; que les exceptions n'obligent personne, ne sont des lois pour personne... Qu'en rapportant les traits de sa vie qui sortent des routes communes, nous n'avons fait que suivre les historiens sacrés qui nous ont transmis l'histoire des Debora, des Judith, sans autre dessein que d'offrir à l'admiration de la postérité la sainte audace de ces chastes héroïnes et de montrer que le Très-Haut se sert, quand il le veut, des instruments les plus faibles, pour opérer des prodiges.

Toutefois, il ne faut pas s'imaginer que l'exemple de sainte Ulphe soit unique en son genre ; qu'elle seule, guidée par une inspiration céleste, ait abandonné les siens, pour se réfugier dans un désert... Les annales de l'église sont remplies de ces merveilles de la droite du Très-Haut. A la suite de l'histoire [de notre Sainte, nous rapporterons celles de plusieurs de ces ames fortes, qui ont marché par la même voie. Nous les rapporterons, non pour justifier cette magnanime servante du Sauveur, auprès de la génération présente ; certes, des vertus que le ciel a confirméespar des prodiges, que l'église a préconisées, n'ont pas besoin de nos suffrages ; mais nous les citerons, pour rendre gloire à Dieu *qui est toujours admirable dans ses Saints ;* et pour faire remarquer cet esprit de sainteté et de force qui a subsisté de tout temps dans l'église catholique et qui y subsistera jusqu'à la fin des siècles.

Après ces explications inutiles, sans doute, au commun de nos lecteurs ; il nous semble que nous pouvons offrir, à toutes les classes, le fruit de notre travail.

Nous l'offrons en premier lieu aux ames consacrées à Dieu. Pourraient-elles ne pas l'accueillir, si elles se rappellent que sainte Ulphe, d'après tous les témoignages historiques, à été la première, dans ces contrées, à lever l'étendard de la virginité... Que c'est elle qui a fondé, dans ce diocèse, la première communauté de vierges?... Sa vie retrace toutes les vertus religieuses et toute la perfection de ce saint état.

Nous l'offrons ensuite aux nombreuses associations érigées en l'honneur et sous le patronage de la très-sainte Vierge. La dévotion envers la Mère de Dieu a été une des dévotions favorites de notre Sainte. Si elle eût vécu de notre temps, le plus beau de ses titres, celui dont elle se serait le plus honorée, eût été le titre *de fille de Marie*. Que ce titre fasse donc aussi la consolation, l'appui et la gloire de toutes les personnes qui se sont ainsi rangées sous la bannière de la Reine des Cieux!

Nous l'offrons aux âmes intérieures qui désirent sincèrement s'avancer dans les voies de Dieu. En réfléchissant aux effrayantes austérités que sainte Ulphe a pratiquées, durant une longue suite d'années, elles ne craindront pas de faire les légers sacrifices que le St.-Esprit leur demande... Elles regarderont l'exercice de l'oraison, la mortification des sens, la fréquentation des Sacrements comme des moyens infaillibles de s'assurer *la couronne de justice* que Dieu a promise à tous ceux qui l'auront servi fidèlement.

Nous l'offrirons même aux âmes mondaines, aux personnes engagées dans les illusions du siècle... On ne demande pas qu'elles goûtent ce livre comme un de ceux qui les passionnent si fort ; ce serait trop exiger ; mais qu'elles aient la patience de le parcourir, ne fut-ce que par curiosité. Qui sait s'il ne fera pas naître en elles quelques salutaires impressions, s'il ne contribuera pas à leur persuader que le bonheur n'est pas dans la satisfaction des sens, mais bien dans la paix d'une bonne conscience? Qui sait si la vue de tant d'efforts, pour obtenir la couronne immortelle, ne leur fera pas au moins condamner dans elles-mêmes une vie si vide de bonnes œuvres et par cela même condamnable, puisque, selon le saint Evangile, le serviteur fainéant, quoiqu'il eut conservé le talent qu'on lui avait confié, *fut jeté, pieds et mains liés, dans les ténèbres extérieures.*

Enfin, nous offrirons notre travail à toutes les familles chrétiennes qui, grâce au Seigneur, sont encore en grand nombre dans notre *fidèle Picardie.* Puisse ce petit ouvrage augmenter en elles l'attachement à la foi catholique et leur inspirer un dévouement plus inviolable à la sainte église romaine, centre d'unité établi par notre divin Maître, dans la personne de Pierre et de ses successeurs, hors duquel il n'y a ni sainteté, ni mérites, ni salut à espérer ! Puisse-t-il aussi, en les animant d'une nouvelle confiance dans le crédit de sainte Ulphe, réveiller leur dévotion envers cette glorieuse protectrice et leur faire mériter, par son intercession, les plus abondantes bénédictions du ciel !

Après avoir rendu compte des motifs de notre travail, il nous reste à indiquer, en peu de mots, les principales sources où nous avons puisé nos documents. Outre l'ouvrage des Bollandistes qui ont été nos premiers guides, nous avons compulsé divers monuments historiques ; de plus, nous avons profité de plusieurs vies de sainte Ulphe tant imprimées que manuscrites. Tout notre mérite, si c'en est un, sera d'avoir lié ensemble les traits épars dans les notices les plus autorisées, d'avoir, en quelque sorte, rajeuni ces vieux recueils dont la lecture aujourd'hui aurait peine à plaire au commun des lecteurs, et enfin d'être parvenu, sans dénaturer les faits, à les présenter sous une forme plus attrayante et plus capable d'intéresser.

Quant au plan que nous avons adopté, le voici : nous avons divisé cet opuscule en deux parties. La première contient L'HISTORIQUE OU LA VIE DE SAINTE ULPHE. A la tête nous avons placé une carte topographique propre à faire connaître les lieux que sainte Ulphe et saint Domice ont habités. Cette carte ne peut qu'ajouter un nouvel intérêt aux traits édifiants racontés dans cette première partie.

La seconde partie est intitulée : DÉVOTION A SAINTE ULPHE. Sous ce titre, nous comprenons la neuvaine en l'honneur de cette Sainte ; son grand et petit Office, ses Litanies, etc. avec la traduction en regard, et diverses prières.

A. M. D. G. et I. V. H.

VIE

DE SAINTE ULPHE.

CHAPITRE I.

Naissance et jeunesse de sainte Ulphe. Sa constance à refuser tout établissement dans le siècle. Sa fuite dans une solitude.

On ignore le nom de la patrie de sainte Ulphe et celui de ses Parents. Tout ce que l'on peut dire à ce sujet, d'après le témoignage des historiens les plus accrédités, c'est qu'elle naquit, vers l'an 710, sur les confins du Vermandois et du Soissonnois, c'est-à-dire entre St.-Quentin et Soissons, et que sa famille tenait un rang distingué, parmi la noblesse du pays. Dès ses premières années, Ulphe parut un vase d'élection : aussitôt qu'elle put connaître le Seigneur, elle mit tout son bonheur à l'aimer et à le servir. Déjà elle savait se dérober aux amusements du jeune âge, pour aller adorer le Dieu qui réside dans nos tabernacles, répandre son âme en sa présence et lui exprimer tous les sentiments que lui dictait son cœur déjà pénétré des flammes de l'amour divin.

L'Esprit-Saint, qui en avait pris possession, au moment où elle avait reçu la grâce du baptême, grâce qu'elle ne perdit jamais, lui avait inspiré la plus vive horreur du péché, avant même qu'elle fut en état d'en connaître la malice ; à cette horreur du péché, elle joignit l'amour de la prière; le plus vif attrait pour la pureté, et en même temps un grand désir de se faire oublier des créatures. Elle y serait sans doute parvenue, si le ciel qui voulait l'employer à la sanctification d'un grand nombre d'âmes, ne l'eût en quelque sorte arrachée à la profonde obscurité où, à la fleur de son âge, comme nous le verrons bientôt, elle avait cherché à s'ensevelir.

Quoique la naissance, la fortune et les qualités extérieures n'ajoutent rien au mérite personnel de ceux qui les possèdent, néanmoins quand ces avantages se trouvent réunis avec la sainteté, ils lui donnent un nouveau lustre. D'ailleurs, ils sont d'ordinaire, pour la vertu, une occasion de mérites, à cause des combats qu'ils lui suscitent et des victoires dont ils deviennent la matière. C'est ce qui est arrivé à sainte Ulphe. Il paraît qu'elle était née avec les dons les plus rares de la nature ; à une grande

beauté, à un extérieur plein de noblesse, elle joignait un esprit très-pénétrant. Ces avantages la
firent rechercher par tout ce qu'il y avait de plus
noble dans la province. Ce qui ajoutait encore à
son mérite, c'est que ses heureuses qualités étaient
relevées par une singulière modestie et une maturité
bien supérieure à son âge. Ses parents, quoique
bons chrétiens, se réjouissaient de la voir recher-
chée de la sorte, et mettaient tout leur bonheur et
toute leur ambition à lui procurer un établissement
convenable à sa naissance. Ils favorisaient surtout
un jeune Seigneur qui leur paraissait mériter plus
que les autres d'avoir leur fille pour épouse.

Mais la jeune Ulphe avait des sentiments bien op-
posés : déjà elle avait contracté en secret des engagements qui ne pouvaient s'accorder avec ceux que sa
famille avait en vue. Elle était une de ces âmes choisies que le céleste époux a coutume de se réserver et
qu'il aime à s'attacher par des liens que la chair et
le sang ne connaissent pas. Prévenue de la douceur
de ses bénédictions, elle ne s'était pas contentée
de lui offrir les prémices de ses affections ; elle
s'était tout entière vouée à son service. Une lumière
céleste l'avait éclairée, et lui avait découvert le prix
de la virginité. Une fois qu'elle eut connu cette perle
évangélique, elle prit la résolution de tout faire et
de tout souffrir, plutôt que de s'en laisser dépouiller.
De leur côté ses parents lui signifièrent leur volonté,

de manière à lui faire entendre qu'un refus de sa
part les désobligerait extrêmement. On lui mit sous
les yeux tous les motifs propres à la déterminer;
elle ne répondit que par des soupirs et par des larmes; elle tomba dans une tristesse mortelle. Sa
famille ne pouvait s'expliquer ce mystère. Comment refuser ce que tant d'autres seraient si em-
pressées d'accepter? On traite sa conduite d'entête-
ment ridicule, de folie inexplicable. Elle a beau
répéter que, si elle rejette ce qui lui est offert, ce
n'est point par mépris de l'autorité paternelle;
qu'on n'ignore pas les preuves qu'elle a données de
sa soumission et de son obéissance; mais qu'elle
a pour le mariage une répugnance invincible : on
est sourd à ses prières, à ses supplications; on
emploie tantôt les menaces, tantôt les caresses; on
aurait même été jusqu'aux dernières violences, si
l'on n'eût espéré, avec le temps, triompher de ses
résistances.

Dans cette extrémité, notre généreuse Vierge a
d'abord recours à la prière; elle conjure celui qu'elle
a choisi pour époux, de ne pas l'abandonner dans
cette terrible épreuve; elle ne se contente pas
d'adresser au ciel ses ferventes supplications, qu'elle
accompagne de larmes abondantes; à la prière elle
joint les veilles, l'abstinence et tous les genres de
macérations qu'elle peut inventer; elle espère, par
ce moyen, venir à bout d'effacer les traits de son vi-

sage. Cet expédient ne réussissant pas à son gré,
elle en emploie un autre plus violent ; elle se dé-
figure avec les ongles ; elle eût souhaité devenir
un objet d'horreur. « Ah ! s'écriait-elle, périsse cette
» beauté qui peut attirer sur moi des regards mor-
» tels ! périssent ces frivoles agréments qui m'ex-
» posent à de si rudes contradictions ! »

Voyant que par ces saintes rigueurs elle n'obtenait
pas ce qu'elle désirait, elle emploie un stratagème
que sans doute les sages du siècle n'approuveront
guère, qu'ils traiteront peut-être d'extravagance ;
mais n'oublions pas que ce qui est folie aux yeux des
hommes, est souvent une grande sagesse devant
Dieu. Que fait donc notre héroïne ? ce que fit autrefois David à la cour d'Achis roi des Philistins, quand
il vit qu'il n'avait pas d'autre moyen d'éviter l'escla-
vage ou la mort. Elle se met à contrefaire l'insensée ;
elle laisse croître ses ongles, se couvre la tête de
poussière et le visage de boue ; court çà et là toute
échevelée ; répète des phrases sans ordre et sans
suite, et fait mille autres choses ridicules, propres
à la faire passer pour une personne en démence.

C'en fut assez pour mettre en fuite tous les Pré-
tendants ; ils la crurent atteinte d'une véritable folie
et ne reparurent plus. Le plus empressé à s'éloigner,
fut celui qui avait eu le plus d'espoir de l'épouser.
Ses parents de leur côté, déjà trop affligés de la
voir en cet état, n'insistèrent plus, attribuant son

aliénation mentale à l'espèce de violence qu'on lui avait faite. Ils cessèrent de la tourmenter et se repentirent même d'avoir poussé les choses si loin. Cependant leur généreuse fille remerciait secrètement le ciel d'avoir échappé à un danger qu'elle redoutait plus que la mort, contente du reste de passer pour folle, si au prix de sa réputation elle pouvait garder la foi donnée au céleste époux. Prévoyant bien que l'ennemi du salut reviendrait à la charge, elle craignît que tôt ou tard la persécution ne recommençat, surtout si l'on venait à découvrir que sa folie n'avait été que simulée : elle n'aurait fait alors que reculer le danger et le rendre peut-être plus imminent.

Dans cette inquiétude, elle adresse au ciel de nouvelles prières. Elle invoque surtout la Reine des Vierges; elle la supplie de ne pas l'abandonner, de détourner l'orage qui la menace encore et qui n'est que suspendu. « Vous savez dit-
» elle, ô divine mère, que je veux appartenir à
» votre cher Fils et n'avoir d'autre époux que lui.
» Puis-je douter que ce ne soit à votre protection
» que je suis redevable d'une si grande faveur ?
» C'est vous qui m'avez soutenue dans les épreuves
» que j'ai supportées jusqu'ici. Mais si elles se re-
» nouvelaient, aurais-je le courage de résister
» toujours ? ne dois-je pas tout craindre de ma fai-
» blesse ? Ah ! je vous en conjure, détournez le

» péril que j'entrevois, et faites que j'y échappe
» à quelque prix que ce soit. Je suis prête à tout
» quitter, à abandonner ce que j'ai de plus cher au
» monde, si par ce moyen je puis m'assurer la pos-
» session du trésor que vous m'avez fait connaître. »

Marie pouvait-elle être insensible à une prière aussi fervente, à des vœux aussi généreux? La jeune Ulphe se sent exaucée; une voix intérieure semble lui dire, comme autrefois au saint patriarche Abraham : « Sors de la maison et de l'héritage de
» tes pères, et viens dans une terre que je te mon-
» trerai; là tu trouveras la sainte liberté que tu
» désires; tu possèderas en paix le trésor qui t'est
» si cher. »

La volonté du ciel ne lui paraît plus douteuse; elle est persuadée qu'elle n'a d'autre parti à prendre que de quitter la maison paternelle, et que le Seigneur bénira une résolution qui l'affranchira pour toujours de tous les liens et de tous les dangers du siècle. Elle avait sous les yeux l'exemple d'une jeune Princesse, sainte Hermelinde, qui venait de renoncer aux grandeurs de la terre, de s'arracher aux tendresses de sa famille, et qui du palais de son père s'était enfuie dans une affreuse solitude. Cet admirable exemple ne contribua pas peu à fixer Ulphe dans la résolution de s'éloigner et d'aller chercher, loin de sa patrie, quelque lieu désert et inconnu.

Elle ne voulut pas remettre à un autre temps, l'exé-

cution de son projet ; elle savait que les desseins qui
viennent d'en haut, ne s'accommodent pas des re-
tards : qu'on risque souvent tout, quand on diffère de
les accomplir. Assurée du secret de sa fuite dont elle
n'avait fait part à personne, sous un habillement qui
la déguisait, elle s'échappe de la maison paternelle,
à la faveur de la nuit, et prenant les chemins les
moins fréquentés, elle se dirige vers l'Occident et
s'abandonne entièrement à la conduite de la Providence. Elle marchait depuis plusieurs jours, lorsqu'elle rencontra un inconnu qui, d'un air modeste
et plein de bonté, la prévint et lui demanda où elle
allait. « Je cherche, répondit-elle, une retraite où je
pourrai connaître et faire la volonté de Dieu. — Vous
la trouverez bientôt, repartit le voyageur ; continuez
votre route, Dieu est avec vous. » Ulphe se retourna
pour le remercier ; mais ne le voyant plus, elle ne
douta pas que ce ne fût son Ange gardien qui s'était
rendu visible, pour la consoler et l'encourager. Cette
visite de l'envoyé céleste remplit son âme de joie,
et lui communiqua une telle agilité qu'elle semblait
plutôt voler que marcher.

Vers l'heure de midi, la chaleur et la fatigue se
firent sentir à la jeune fugitive et l'obligèrent de s'arrêter. Elle quitta la route et chercha dans le voisinage un lieu solitaire où elle pût prendre un peu de
repos, dans l'intention de continuer ensuite son chemin. Car ignorant encore qu'elle fût au terme fixé par

la divine Providence, elle était décidée à poursuivre sa route, croyant ne pouvoir mettre trop d'intervalle entre le lieu de sa retraite et celui qu'habitaient ses Parents. Elle ne pouvait douter qu'instruits de sa fuite, ils n'eussent mis tout en œuvre pour la retrouver ; et à tout prix, elle voulait leur échapper. Dans ce moment là même, elle eut une nouvelle preuve que le ciel veillait à sa sûreté. A peine avait-elle quitté la route, qu'un des cavaliers envoyés de tous côtés à sa poursuite, y passa rapidement, mais sans la reconnaître ; peut-être même sans l'apercevoir. Ainsi l'on perdit entièrement ses traces ; et ses Parents désolés eurent tout le temps de déplorer la violence que leur aveugle tendresse avait voulu faire aux saintes inclinations de leur fille.

D'un autre côté, le Seigneur qui avait dessein d'enrichir l'église d'Amiens des exemples et de la protection de cette fidèle servante de Jésus-Christ, ne permit pas qu'elle allât plus loin. Ulphe, en suivant les détours de la petite rivière de Noye, arriva dans un vallon assez spacieux, ombragé d'arbres touffus. Non loin de là, une source s'offre à ses regards : elle s'assied sur les bords et prend sa frugale réfection qui consistait en un morceau de pain qu'elle trempe dans l'eau de la fontaine.

Une réflexion la saisit : « Ce lieu pourrait bien être, se dit-elle, celui que le Seigneur m'a préparé. » Faisant attention au profond silence qui y

2*

règne, elle se sent pressée d'y fixer sa demeure.
« Ne serait-ce pas ici, Seigneur, s'écria-t-elle avec
une douce confiance, ne serait-ce pas ici le lieu de
mon repos ! Ces bois touffus donneront un asyle à
votre servante, et cette fontaine lui fournira l'eau
dont elle aura besoin. Pour le reste, je ne m'en
mets pas en peine ; je sais que c'est vous qui donnez
la nourriture à tout ce qui respire. Mon Dieu ! vous
ne m'abandonnerez pas, j'en suis sûre ; heureuse
de vous avoir, je ne regrette ni la maison paternelle,
ni les hommages que j'y recevais, ni les délices qu'il
ne tenait qu'à moi d'y goûter. Je préfère cette solitude à tous les palais, à toutes les jouissances do
l'univers. » Au milieu de ces pensées, elle s'incline
et bientôt elle s'endort.

Durant son sommeil, elle crut entendre une voix
qui lui dit : « C'est ici que tu demeureras ; voilà le
lieu de ton repos : n'en cherches pas d'autre. » En
ce moment elle s'éveille : elle ne doute plus de la
volonté du ciel. Le premier mouvement de son cœur
est un sentiment de reconnaissance et d'amour. Elle
bénit mille fois le Seigneur d'avoir bien voulu di-
riger ses pas ; elle le prie d'ajouter à cette première
grâce, celle de lui faire trouver un guide dans la
vie nouvelle qu'elle veut mener. « O mon Créateur,
dit-elle, j'ai un grand désir de vous plaire ; mais,
que dois-je faire pour accomplir tous vos desseins
sur moi ? Vous savez que je ne suis qu'une pauvre

ignorante. Envoyez-moi celui qui doit m'apprendre à vous aimer ; car je n'ai encore rien fait jusqu'ici ».

Le guide spirituel que réclamait notre Sainte, n'était pas éloigné. Déjà il habitait le désert où elle venait d'arriver. C'était saint Domice. Il a eu tant de part à la sanctification et aux principaux évenements de la vie de sainte Ulphe, que nous ne pouvons nous dispenser de le faire connaître ici.

CHAPITRE II.

Histoire abrégée de saint Domice. Sainte Ulphe le prend
pour modèle et pour guide.

Saint Domice avait pris naissance au diocèse d'Amiens, avant la fin du 7e siècle, vers 688. Quelques auteurs ont dit qu'il était prêtre ; mais la plus commune opinion est qu'il resta toute sa vie dans l'état de simple diacre. Il y a apparence que son humilité le retint dans ce degré inférieur de la cléricature et ne lui permit pas d'aspirer au sacerdoce. Ce qu'il y a de certain, c'est qu'il fut un modèle de toutes les vertus cléricales. Plein de mépris pour les distinctions, il fuyait tout ce qui aurait pu le relever aux yeux des hommes. Tout le temps qu'il avait de libre, il le donnait à la prière ou à la lecture des livres saints, et il entretenait cet esprit d'oraison par la pratique de la mortification. Son union avec Dieu était continuelle. Dès son entrée dans le saint état qu'il avait embrassé, et il y était entré dès son jeune âge, on avait remarqué en lui un grand amour du recueillement et de la pénitence. Ce goût pour la vie intérieure alla toujours croissant, et lui fit même trouver trop de dissipation dans la vie commune que menaient alors les Chanoines ; car, jusqu'à cette époque, tous les membres du chapitre vivaient en communauté ; ils étaient cloîtrés à-peu-près comme les Religieux. Cette vie, toute régulière qu'elle était, ne suffisait pas à la ferveur de saint Domice. Depuis, la discipline canoniale étant venue à se relâcher, on leur permit d'habiter dans des maisons particulières.

Domice n'attendit pas cette altération de la discipline canoniale, pour demander la permission de se retirer dans quelque solitude où il pût vivre éloigné de tout commerce avec le monde. L'Evêque Chrétien (c'était le nom du vénérable Prélat qui occupait alors le siège d'Amiens), connaissant la vertu du pieux Lévite, accueillit sa prière ; mais ne voulant pas priver son chapitre d'un modèle aussi parfait, il mit pour condition que le saint Diacre conserverait son titre de chanoine, et qu'en quelque endroit qu'il allât se fixer, il assisterait, chaque jour, à l'office divin , comme les autres chanoines.

Saint Domice accepta la condition et se mit en devoir de trouver une retraite conforme à son attrait. Il découvrit, à deux lieues de la ville, un endroit qui lui parut propre à la vie qu'il méditait (*). Il y construisit un petit hermitage, d'où chaque jour, il se rendait à l'église de St.-Acheul , qui, à cette époque , servait d'église cathédrale et portait le nom d'église Notre-Dame. C'est la première qui ait été consacrée à la très-sainte Vierge dans le diocèse (**). (Quoique le titre de St.-Acheul ne lui ait été donné que depuis, nous n'emploierons cependant que cette dernière désignation , afin d'éviter la confusion qui résulterait d'une autre dénomination).

Il n'y avait pas un an que Domice menait ce genre de vie , lorsque sainte Ulphe s'arrêta , comme

---

(*) Cette solitude était alors environnée de bois épais qui ont été abattus depuis... elle est arrosée par la petite rivière d'*Avre*, laquelle après s'être grossie de la rivière dite la *Noye*, traverse la chaussée de Noyon, au pied de la descente de St.-Acheul, et va se jetter dans la Somme en quittant le marais de Longueau.

(**) Il ne faut pas s'étonner que l'église bâtie sur le terrain qu'occupe maintenant l'église de St.-Acheul ait servi de cathédrale dans ces temps anciens ; c'est-là qu'était le tombeau de saint Firmin martyr, Apôtre et premier Evêque du diocèse.

nous l'avons dit, dans la même solitude, et résolut d'y fixer son séjour. Une seule chose l'avait inquiétée, c'était la crainte de ne pas trouver, dans le voisinage, le guide dont elle avait besoin pour marcher avec sûreté dans la carrière qu'elle voulait suivre. Pleine de foi, elle s'était adressée au Seigneur et lui avait demandé cet homme selon son cœur.

Sa prière n'était pas finie, lorsqu'elle aperçut un Ecclésiastique d'un aspect grave et modeste qui s'avançait vers l'endroit où elle se reposait. Une voix intérieure lui dit : « — Voilà celui que tu cherches et qui te servira de guide et de père spirituel ; c'est lui qui t'apprendra à me servir et à m'aimer ». Elle éprouva alors une consolation intérieure qui lui fit oublier toutes ses fatigues. Mais telle est la conduite ordinaire du Seigneur envers ses serviteurs : il ne permet pas que leurs contentements soient durables et permanents ; cette vie n'est guères pour eux qu'une alternative de bons et de mauvais jours, de consolations et d'amertumes. Ulphe en fit l'épreuve à l'heure même ; car le vénérable Ecclésiastique ne l'eut pas plutôt aperçue, qu'il s'éloigna précipitamment, comme un homme qui aurait rencontré quelque chose de sinistre. Elle eut beau le prier, le conjurer de s'arrêter ; saint Domice, n'en fut que plus empressé à doubler de vitesse, et bientôt il disparut aux yeux de la jeune Etrangère. — — Depuis, il lui avoua que n'étant pas accoutumé à voir des personnes de

son sexe, dans ces lieux déserts, il n'avait pu se défendre d'un sentiment de frayeur; qu'il l'avait prise
pour quelqu'aventurière dont il devait fuir la vue
et la rencontre. « Que sais-je, s'était-il dit à lui-
» même, si ce n'est pas là un piège que le tenta-
» teur veut me tendre? fuyons, fuyons au plus vite ».

Notre Sainte, qui se croyait au comble de ses
vœux, voit en un moment toutes ses espérances
trompées; elle tombe dans une profonde tristesse
et dans un accablement extrême. Que fera-t-elle?
que deviendra-t-elle? La voilà seule, dans un lieu
désert, sans asyle, sans secours de qui que ce soit
au monde. Celui que le ciel semblait lui avoir envoyé, lui échappe au moment même où il se présente à ses regards; nul espoir de retrouver cet
homme de Dieu : où le chercher? et quand elle serait assez heureuse pour découvrir le lieu de sa
retraite, sera-t-il moins inexorable?... L'ennemi
du salut, qui n'avait pu voir, qu'avec dépit, tant de
générosité dans une jeune personne, profite de son
abattement pour lui faire perdre courage, et, s'il se
peut, la faire changer de résolution. Il remplit son
esprit de pensées désolantes, et dans le trouble qui
l'agite, il essaye de lui persuader « qu'elle s'est laissée
égarer par un désir de perfection mal entendu : --
que sa démarche est une vraie folie : -- que toutes
les lumières qu'elle croit avoir reçues d'en haut, ne
sont que des illusions qui proviennent de l'esprit de

ténèbres ; — que le seul parti qu'elle ait à prendre, c'était de retourner au plus vite auprès de ses parents, dont elle était si tendrement aimée et dont elle abrégerait peut-être la vie, si elle persistait dans une détermination que le ciel ne saurait approuver. » Il faut avoir passé par ces sortes d'épreuves, pour pouvoir exprimer l'impression qu'elles produisent et laissent dans une ame timorée qui ne redoute rien tant que de déplaire à Dieu.

Telle fut la cruelle situation de cette fidèle servante. « O vous qui connaissez tous les replis de mon cœur, s'écria-t-elle en fondant en larmes, me serais-je trompée, en croyant obéir à votre voix?.. Il m'eut été bien plus facile de suivre celle de la chair et du sang... Les sacrifices que j'ai faits et ceux que je suis résolue de faire encore, avec votre secours, ne seraient-ils d'aucun prix à vos yeux? n'auraient-ils d'autre fruit, que de vous avoir déplu? — Non, Seigneur, je ne puis le croire... j'ai tout quitté pour vous suivre... N'avez-vous pas promis à ceux qui abandonnent Parents, fortune pour l'amour de vous, le centuple en ce monde et la vie éternelle en l'autre? — Ces promesses sorties de votre bouche, ne sont-elles pas aussi pour moi? » Ces réflexions adoucirent un peu la peine qui l'accablait, mais ne calmèrent pas l'agitation à laquelle elle était en proie et que les approches de la nuit rendait encore plus vive. Elle s'était traînée sous le feuillage épais de l'un des chênes qui couvrait la colline et le sommeil vint l'y surprendre.

Le Seigneur eut pitié de sa servante, et ne tarda pas à lui montrer qu'il n'abandonne pas les âmes qui mettent leur confiance en lui : que s'il sait les éprouver, il sait encore mieux les consoler. Durant son sommeil, il lui envoya un de ces songes mystérieux dont il favorise quelquefois ses fidèles serviteurs. Elle crut voir une Princesse d'une ravissante beauté, suivie d'une foule de jeunes vierges toutes vêtues de robes d'une blancheur éblouissante ; elle portait entre ses bras un jeune enfant dont les regards et tout l'extérieur avait quelque chose de divin. « Ulphe, lui dit cette Princesse, en lui montrant le céleste enfant, voilà celui qui vous sera donné pour époux : c'est vous-même qui l'avez choisi ; il vous accepte pour son épouse, et *dans ces lieux vous aurez une nombreuse postérité.* Mettez toujours votre confiance en Dieu ; vous ne tarderez pas à éprouver l'effet de ses promesses. » Au même temps, notre sainte sentit son âme inondée de tant de douceurs, qu'il ne lui semblait pas qu'on pût en avoir davantage, sinon dans le ciel. L'impression qu'elle en éprouva, ne la quitta pas à son réveil ; elle la laissa convaincue des desseins de Dieu sur sa personne. Cette visite de la très-sainte Vierge (car Ulphe ne douta pas que ce ne fût la Reine du ciel qu'elle avait vue), en augmentant son amour et sa confiance, la remplit d'un nouveau courage ; et lui fit prendre l'inébranlable détermination de rester dans un lieu où elle avait été si favorisée d'en haut.

Cependant saint Domice qui habitait à quelque distance de là sur les bords de l'Avre, s'était retiré dans sa cellule et en avait soigneusement fermé l'entrée..... Il est tout surpris de n'y plus trouver la paix qu'il était accoutumé d'y goûter. Il veut se mettre en oraison, et son esprit est agité de mille pensées qui le poursuivent, à l'occasion de cette étrangère qu'il a rencontrée? Tantôt il se reproche la dureté dont il a usé envers elle ; tantôt il s'applaudit d'avoir échappé à un grand danger. « Que sais-je, disait-il, si ce n'était pas un Démon sous une forme humaine? N'en a-t-il pas usé de la sorte envers d'autres Solitaires? -- Mais cette personne qui m'appelait avec tant d'instances, était peut-être égarée de sa route. J'aurais dû au moins lui demander ce qu'elle souhaitait. »

Au milieu de ces réflexions, l'heure du repos arrive; le saint hermite se jette sur son grabat, toujours avec un trouble dont il ne peut se délivrer. A la fin cependant il s'assoupit. Pendant son sommeil, il croit entendre une voix qui lui reproche d'avoir rebuté la servante du Seigneur. « C'est moi, lui disait-on, qui l'ai conduite dans cette solitude... je veux que tu lui serves de père... ses exemples attireront à sa suite une foule de vierges. » Domice tout confus de sa mé-

prise, devance l'heure de son lever, il se hâte de retourner au lieu où, la veille, il avait rencontré la servante du Seigneur. Celle-ci était déjà sur pied : elle
s'était avancée vers la fontaine, repassant dans son
esprit les choses merveilleuses qui lui étaient arrivées durant son sommeil et bénissant le Seigneur.

A la vue du saint homme qu'elle reconnaît, son
cœur tressaille de joie ; elle va à sa rencontre, se
jette à ses pieds et se prosterne pour recevoir sa
bénédiction. « O mon père, ne soyez pas surpris
que je vous donne ce nom ; je ne fais qu'obéir à la
volonté du ciel. Hier, vous m'avez affligée, sans le
vouloir ; mais le Seigneur m'a bien consolée ! — Dieu
vous bénisse, ma fille, répond Domice ! j'en con-
viens, j'ai fait une faute, en refusant de vous écouter ;
c'est pour la réparer, que je reviens vous trouver. —
Oui, tout incapable que je suis de conduire les
autres, moi qui ne sais pas me gouverner moi-même,
je vous aiderai à marcher dans la voie où vous êtes
appelée... Le Seigneur le veut ainsi,... il me l'a fait
connaître ; et qui suis-je pour m'opposer à sa sainte
volonté ?... J'accepte le titre de père que vous me
donnez... De votre part, correspondez jusqu'à la
fin aux vues de la divine miséricorde... Ayez confiance ; tout ce que Dieu vous a promis s'accompli-
ra... Mais il est temps de me rendre à l'église ; mon
devoir m'y appelle... Suivez-moi : nous y offrirons
nos actions de grâces à l'auteur de tous les biens. »

CHAPITRE III.

Premier voyage de sainte Ulphe à St.-Acheul. On lui bâtit une cellule. Vie austère de la servante de Dieu et de saint Domice. Signes miraculeux de la protection divine.

Domice, selon son usage, se met en marche et prend la route de St.-Acheul. Durant le trajet, il se fait raconter par Ulphe tout ce qui regardait ses parents, sa naissance, les années de son enfance et de sa jeunesse, sa vocation, ses combats, ses victoires, sa fuite, enfin toutes les grâces dont elle avait été favorisée. Après cet entretien dont on comprend la nécessité, ils rentrèrent dans le silence et se mirent en prières. Domice précédait; Ulphe suivait à quelque distance. Il y avait près de deux lieues à faire -- enfin on arrive à St.-Acheul.

Il est plus facile d'imaginer que d'exprimer tout ce qu'Ulphe ressentit en entrant, pour la première fois, dans un lieu où elle allait trouver, chaque jour, tous les aliments de la piété, tous les secours que peut désirer une âme affamée des biens éternels. Elle passa tout le temps que dura l'office divin à s'entretenir avec son Dieu, à lui rendre mille actions de grâces. Elle répétait avec transport ces paroles du Prophète : « O mon âme, bénis le Seigneur; que tout ce qui est en moi exalte son saint nom. Il a rassasié celle qui était affamée; il a comblé de ses biens celle qui était pauvre. » Une joie toute céleste inonde son âme et lui donne une nouvelle vigueur. Car après les fatigues de son voyage et les peines intérieures qu'elle avait éprouvées, il ne fallait rien moins qu'une force surnaturelle pour la soutenir ; à peine s'apperçut-elle du temps qu'elle avait passé à l'église.

Saint Domice vint la reprendre après l'office. Pour cette fois il ne la reconduisit pas dans sa solitude ; il lui fit entendre que ne pouvant passer la nuit dans les bois et sans abri, comme elle avait fait, la nuit précédente, il était nécessaire qu'on lui préparât une habitation. En attendant que la demeure fut prête, il lui procura l'hospitalité chez une pieuse Veuve qui demeurait à peu de distance de l'église. Cette détermination fit quelque peine à notre sainte : il lui semblait qu'elle allait rentrer dans ce monde pour lequel elle avait tant d'aversion. Si on l'eût laissée libre, elle aurait préféré retourner au milieu des bois. Mais sachant que l'obéissance est la plus excellente des vertus et le fondement de toute perfection, elle se soumit sans réplique à une décision qui était, pour elle, l'expression des volontés du ciel.

Déjà elle s'était bâti une solitude dans son cœur; et quand bien même elle se serait retrouvée au milieu d'un monde tumultueux, son recueillement n'en aurait pas souffert. Mais elle n'eût point à subir cette nouvelle épreuve. La personne de confiance chez qui saint Domice l'avait placée, était elle-même très-adonnée à l'oraison; elle ne pouvait que favoriser l'amour de sainte Ulphe pour la retraite et le silence. Ce qui consolait encore la jeune étrangère, dans cette sorte d'exil, c'était de pouvoir passer tout son temps au pied des autels.

Cependant saint Domice ne négligeait rien pour que la modeste demeure qu'il destinait à sa fille spirituelle, fût bientôt achevée; il lui tardait autant qu'à elle-même, de la voir entièrement cachée dans la solitude qui faisait tout l'attrait de l'un et de l'autre. D'ailleurs les préparatifs ne pouvaient être longs : il ne s'agissait pas d'élever un édifice vaste et élégant: une pauvre cabane, voilà tout ce qu'il fallait à cette généreuse fille. Saint Domice voulut que la cellule fût placée non loin de la fontaine, à l'endroit même où ils s'étaient rencontrés, pour la première fois.

L'ameublement répondait à l'habitation et avait de quoi contenter l'esprit de pauvreté et de pénitence dont notre sainte voulait faire profession : quelques vases de terre, une escabelle, une table grossièrement travaillée, les petits outils propres aux travaux manuels, une couche enfin qui ressemblait moins à un lit qu'à un cercueil. Voilà à-peu-près ce que le saint diacre avait préparé pour la compagne de sa solitude : il n'en avait pas davantage dans son hermitage.

Quand tout fut prêt, notre sainte vint prendre possession de sa Thébaïde qui fut pour elle comme un paradis... « Voici, ma fille, lui dit Domice en l'introduisant dans sa cellule, voici l'habitation qui vous est destinée. Vous n'y serez pas seule ; Dieu y sera avec vous ; vous l'aurez pour témoin de vos actions et de vos pensées ; il vous tiendra lieu de père, de mère, de famille, de tout... N'ayez d'autre désir que celui de lui plaire. Ne vous mettez pas en peine des besoins de la vie ; autant que je le pourrai, j'y pourvoirai... chaque matin, je viendrai, en me rendant à l'église ; je frapperai à cette fenêtre : ce sera le signal de votre lever : — Vous me suivrez au temple du Seigneur, comme vous avez fait, le premier jour... au retour de l'office, vous prendrez votre repas et consacrerez le reste du jour à la prière et au travail... Je n'entrerai jamais dans votre cellule ; et de votre côté, vous ne mettrez jamais le pied dans la mienne, sinon en cas de maladie et de maladie grave. Que Dieu vous garde dans sa paix et dans son amour ! »

Ulphe recueillit toutes ces paroles, comme autant d'oracles; elle les grava dans son cœur, et en fit la règle de sa conduite.

Elle ne manquait jamais de quitter sa couche au premier signal, et elle était à l'instant prête à partir, ne quittant pas ses vêtements, pour prendre son repos. Il arriva cependant qu'un jour d'été, n'ayant pas entendu frapper, elle ne se leva point au signal donné, et partit plus tard que de coutume pour se rendre à l'église. Elle s'était d'abord imaginé que saint Domice avait éprouvé quelque indisposition ; mais l'ayant aperçu au chœur, elle crut qu'il n'avait pas jugé à propos de l'éveiller, ce jour là. Au retour de l'office, saint Domice lui témoigna son étonnement de ce qu'elle ne l'avait pas accompagné, comme de coutume, et il lui parla même avec un ton un peu sévère. Ulphe confuse convint de sa négligence et de sa prétendue paresse. Cependant, moins pour s'excuser que pour rendre hommage à la vérité, elle ajouta : « J'avais d'abord pensé qu'une indisposition vous avait retenu dans votre cellule; mais vous ayant aperçu à l'église, j'ai fait réflexion que probablement vous m'aviez appelée, mais que me trouvant alors au plus fort de mon sommeil, je n'avais pu vous entendre. Il faut que je vous dise tout ce qui s'est passé; les grenouilles sont en grande partie cause de ma faute et de la perte que j'ai faite : elles ont fait un tel vacarme, qu'il m'a été impossible de fermer l'œil, et la nuit était déjà fort avancée, quand j'ai commencé à m'endormir. Je présume que la violence du sommeil m'aura rendue sourde au signal convenu... Sous un rapport, je ne dois pas trop me plaindre de ces innocentes créatures; car elles m'ont aidée à prier le bon Dieu plus long-temps; mais je leur sais mauvais gré de m'avoir empêchée de venir plutôt l'adorer dans le lieu saint. — Si vous voulez, mon père, je prierai le Seigneur de les faire taire, afin qu'en aucun temps, elles ne m'empêchent pas de vous entendre et de vous accompagner »... En effet, la sainte fait à l'instant cette prière : « Seigneur, vous voyez le préjudice que m'ont fait ces petites créatures : puisque vous êtes le maître à qui tout obéit, commandez-leur de se taire et ne permettez pas qu'il m'arrive rien de semblable »... La prière fut exaucée, si bien que dès-lors, les grenouilles de ces quartiers devinrent muettes; on ne les entendit plus croasser, ni le jour ni la nuit. C'est une tradition constante dans le pays, que le prodige s'est perpétué jusqu'à présent? On remarque que les habitantes des marais du voisinage ne sont rien moins que silencieuses, tandis que celles qui se trouvent dans la prairie où était l'hermitage de notre Sainte, ne se font pas entendre.

3

Saint Domice n'avait guère que quarante ans, et
sainte Ulphe vingt seulement, lorsqu'ils se con-
nurent et commencèrent à faire tous les jours le
double voyage de leur solitude à l'église et de l'é-
glise à leur solitude. Ils allaient et revenaient toujours à jeun; et comme l'office se célébrait de grand
matin, c'était presque toujours une nécessité pour
eux de partir avant le jour. On peut à peine se figurer tout ce qu'ils eurent à souffrir d'incommodité
et de fatigues, surtout dans la saison rigoureuse.
Ils continuèrent néanmoins ce pénible exercice, jusque dans un âge avancé, sans que ni le poids des
années, ni l'abondance des pluies, ni la rigueur du
froid, ni l'incommodité des chemins, ni l'obscurité
de la nuit les arrêtât jamais. On montre encore
aujourd'hui le sentier qu'ils suivaient pour se rendre
à l'église; et depuis qu'une grande partie de ce
chemin a été mise en culture, les habitants de ces
quartiers sont encore persuadés que les productions
de la terre, le long de *la voie de saint Domice*, l'em-
portent toujours sur ce qui croît à droite ou à gauche
de ce sentier.

Nos deux saints gardaient, en allant à St.-
Acheul, un profond silence, et marchaient à quelque distance l'un de l'autre, toujours l'esprit uni à
Dieu et occupé de saintes méditations, à l'imitation
de saint Joseph et de la très-sainte Vierge voyageant
ensemble. Arrivés tous deux dans la maison de Dieu,

Domice se rendait au chœur pour s'acquitter des fonctions de chanoine et de diacre, et Ulphe se retirait à l'écart, tant pour se dérober aux yeux du public, que pour se tenir elle-même dans un plus profond recueillement. Avec quels sentiments de foi et de ferveur, elle assistait aux divins mystères ? Elle ne sortait de l'église que quand l'office du matin était terminé, c'est-à-dire bien avant dans la matinée, et quoiqu'elle y fût long-temps avant l'aurore, il fallait qu'elle se fît une espèce de violence pour s'arracher du lieu saint. Toutes les églises intéressaient sa piété : mais l'église de St.-Acheul lui était doublement chère, par la raison qu'elle était spécialement consacrée à Marie. Le retour était consacré à de pieux entretiens. C'était le temps que l'homme de Dieu choisissait pour donner à sa sainte Compagne les leçons de la vie spirituelle : car il ne se permit jamais ni d'entrer dans la cellule de la sainte, ni de l'admettre dans son hermitage, même pour s'entretenir de matières édifiantes.

De retour à sa solitude séparée de celle de sainte Ulphe par la Noye et par une prairie qui s'étend jusqu'à l'Avre, saint Domice s'y renfermait ; et après avoir pris sa réfection qui consistait en quelques herbages mal assaisonnés et souvent sans autre assaisonnement qu'un peu de sel, il passait le reste du jour dans les exercices de la vie érémitique ; le travail des mains et le chant des psaumes, qu'il interrompait par de ferventes aspirations et de pieux colloques avec Dieu. Un petit jardin qu'il cultivait, lui fournissait les fruits et les légumes qui faisaient sa nourriture ordinaire ; quelques planches recouvertes de paille lui tenaient lieu de lit.

CHAPITRE IV.

Sainte Ulphe est solennellement consacrée à Dieu, et reçoit le voile des vierges des mains du saint évêque Chrétien.

Ulphe de son côté goûtait en paix les douceurs de la solitude et s'avançait à grands pas dans la carrière qu'elle avait embrassée. Tout son désir était de rester inconnue au monde ; elle eut voulu se dérober à tous les regards : mais la dévotion qu'elle avait à nos saints mystères, dévotion qu'elle ne pouvait satisfaire dans le lieu de sa retraite, lui

rendait moins pénible la nécessité où elle se trouvait de paraître dans l'assemblée des fidèles. Du
reste, son extrême modestie la gardait assez, et
rien n'altérait l'union intime qu'elle conservait avec
le Dieu de son cœur. Là vue des Créatures ne servait qu'à la porter davantage vers le créateur. Personne ne venait troubler sa solitude, et le soin
qu'elle prenait de cacher sa patrie, sa famille, sa
naissance, faisait de sa vie entière une vie cachée
en Jésus-Christ.

Cependant le Seigneur qui se plaît à élever les
humbles, ne voulait pas qu'une telle vertu restât
plus long-temps inconnue. Le pieux évêque Chrétien, prélat plein de zèle et de foi, se sentait
depuis quelques temps pressé de former dans sa
ville épiscopale une communauté religieuse. Plusieurs jeunes personnes appartenant aux premières
familles d'Amiens, désiraient cet établissement et
s'offraient à y entrer. L'usage jusqu'alors avait été
que les vierges consacrées à Dieu restassent dans
leurs familles, au milieu du siècle, ce qui donnait
lieu à beaucoup d'inconvénients. Le zélé Pontife
était donc depuis long-temps occupé de ce projet et
le recommandait souvent à Dieu dans ses prières.

Les historiens rapportent qu'un jour où dans son
oraison il avait offert son dessein au Seigneur avec
plus de ferveur que jamais, se plaignant intérieurement de ne pouvoir le mettre à exécution, faute d'un

*3**

sujet capable d'être le fondement de cette sainte entreprise, il crut entendre une voix secrète qui le rassurait et lui promettait de voir bientôt ses désirs accomplis. C'était un samedi soir, et il lui fut même révélé que le lendemain dimanche, il trouverait celle qu'il cherchait, comme autrefois il fut dit à Samuel *que Dieu lui enverrait celui qui était destiné à être le premier roi d'Israël;* ils ajoutent que le pieux prélat resta si convaincu que cette réponse intérieure venait d'en haut, que, dès le soir même, il donna des ordres pour les préparatifs d'une solennité extraordinaire qui aurait lieu le jour suivant.

Le dimanche matin, nos deux solitaires arrivèrent au temple, selon leur coutume, lorsque le jour commençait à poindre. Domice remarqua que l'église était ornée avec autant de pompe qu'aux jours les plus solennels, et sa surprise venait de ce que le calendrier ne marquait aucune fête particulière, pour ce jour là. Sainte Ulphe, sans trop faire attention à cette particularité, alla prendre sa place accoutumée dans l'enfoncement d'une chapelle écartée... Saint Domice se rend au chœur, pour prier en attendant l'heure des matines. Le Prélat s'était aussi rendu à l'église, avant l'aurore. Saint Domice l'ayant aperçu qui était profondément recueilli sur son siège, s'approcha de lui et lui demanda respectueusement la raison de tous les préparatifs d'une fête qui n'avait pas été annoncée et dont il ne pouvait soupçonner l'objet. L'évêque lui expliqua ce qui lui était arrivé la veille : « J'ai été si convaincu, ajouta-t-il, que cette inspiration secrète n'était pas une illusion, qu'il m'a été comme impossible de ne pas y ajouter foi. Aussi n'ai-je pas balancé à ordonner tous les préparatifs dont vous êtes témoin, et je voudrais que le temps permît d'en faire davantage... J'ai la ferme confiance que la bonté divine a exaucé les vœux que je formais depuis si long-temps, et qu'aujourd'hui elle me fera trouver celle qui doit être l'instrument des desseins du ciel ». — « Vénérable pontife, répondit le saint Diacre, après s'être recueilli quelques instants, celle que vous cherchez et que Dieu vous a promise, est déjà toute trouvée, et dans le moment où je vous parle, elle est dans le lieu saint. — Comment cela, lui dit le Pontife?.. Alors saint Domice raconte tout ce qu'il sait de sainte Ulphe, révèle les secrets qu'il a arrachés à son humilité, à sa modestie : sa fuite de la maison paternelle, le courage héroïque avec lequel elle a rompu tous les liens du siècle et de la nature, la vie angélique qu'elle mène, depuis qu'elle partage sa solitude. « Je ne doute pas, saint évêque, dit-il en finissant, que ce ne soit là celle que le Seigneur a préparée pour l'œuvre qu'il vous a inspirée, et il me semble encore que la main du Très-Haut ne l'a conduite dans ce désert, que pour l'accomplissement de vos pieux desseins ». Le pontife est attendri jusqu'aux larmes, au récit de ces merveilles. « Le doigt de Dieu est ici, s'écrie-t-il ; que son saint nom soit béni !.. Voilà donc le trésor que vous possédiez, et vous ne me l'aviez pas encore fait connaître ». — «C'est vrai, reprit saint Domice, et sans la déclaration que votre paternité vient de me faire, je ne vous aurais pas encore révélé cette merveille de la grâce. Car *quoiqu'il soit bon et honorable de manifester les œuvres du Seigneur*, ainsi qu'il est écrit dans les saintes écritures (*Tobie* 12), il est cependant des prodiges qu'il faut tenir cachés, jusqu'à ce que le Très-Haut fasse connaître son adorable volonté ; je me serais fait scrupule de prévenir les moments du Seigneur, et de révéler avant le temps, une vertu qui gagnait tant à rester cachée ; mais maintenant que le Seigneur s'est expliqué, je me croirais coupable de garder le silence. Si votre paternité le désire, dans quelques instants cette fidèle servante de Jésus-Christ sera en votre présence ». — « Non, reprit le saint évêque, il n'est pas nécessaire que je la voie en ce moment, j'en sais assez. Encore une fois, le doigt de Dieu est ici ; *c'est lui qui a fait tout cela.* Puisqu'il en est ainsi, conclut-il, il n'y a plus à balancer ; l'office du matin va commencer ; nous attendrons que les Fidèles soient réunis pour la célébration des saints mystères, et nous procéderons à la cérémonie, selon le plan que j'en ai moi-même conçu. A la tête du clergé, j'irai chercher cette vertueuse fille, et en présence de toute l'assemblée, je la consacrerai solennellement au Seigneur ; elle recevra de mes mains le voile des vierges ; je l'offrirai comme les prémices de cette famille d'élite qui doit faire l'ornement du troupeau qui m'est confié..... Un tel exemple attirera infailliblement d'autres épouses au Roi des Vierges, et ce sera le premier fruit de la cérémonie de ce jour... Que personne ne la prévienne de ce qui doit se faire dans la matinée !... ce serait troubler ses entretiens avec Dieu et l'exposer à des combats dont le tentateur ne manquerait pas de tirer parti, sinon pour la faire fuir, du moins pour la déconcerter ».

Cependant la foule des fidèles se réunissait dans la Cathédrale, et bientôt l'édifice se trouva rempli plus que de coutume, soit que déjà le bruit de la solennité se fut répandu dans la cité et les hameaux du voisinage, soit qu'un sentiment tout particulier de dévotion se fût fait sentir au fond de ces cœurs si droits et si simples.

Quand l'heure fixée pour la célébration du saint sacrifice fut arrivée, on fut étonné de voir le Prélat en habits pontificaux, précédé de tout son clergé, s'avancer processionnellement vers l'une des parties du temple la moins fréquentée. Mais la personne la plus surprise fut sans contredit notre Sainte, quand elle se vit environnée de tous les ecclésiastiques de la cathédrale, ayant le premier pasteur à leur tête ; à peine pouvait-elle en croire à ses yeux,

et si elle n'eut pas reconnu son saint directeur dans ce
nombreux cortège, elle aurait fait l'impossible pour
se dérober à tant de regards... « Qu'est-ce donc que
ceci ? que veut-on de moi, se disait-elle, dans un
état de saisissement qui lui ôtait presque la respiration ? » Mais bientôt ayant jeté les yeux sur l'image
du Sauveur attaché à la croix, elle se remet un
peu de sa frayeur et se lève. Le Prélat s'étant avancé vers elle, la considère, pendant quelques instants ; il est frappé de son extérieur ; car les austérités n'avaient pas effacé les traits de son visage, et la
simplicité de ses vêtements ne lui ôtait rien de cette
dignité qui lui était naturelle ; mais ce qui le touche
davantage, c'est cet air de sainteté qui éclatait dans
toute sa personne. Le Pontife avait remarqué son
trouble ; il lui parle avec une bonté toute paternelle :
« Ma fille, remettez-vous de votre émotion ; je ne
viens que pour vous porter des paroles de paix et
pour vous mettre en état d'accomplir la très-sainte
volonté de Dieu... N'est-ce pas ce que vous désirez ?
— Saint évêque, répondit-elle, en se jetant à ses
pieds, je n'ai d'autre ambition que de connaître et
d'accomplir cette adorable volonté. Puis-je mieux
l'apprendre que de la bouche de celui qui est établi
pour en être l'interprète auprès de ses ouailles ? —
Ne désirez-vous pas, ma chère fille, vous consacrer
entièrement au service de Jésus-Christ, en qualité
de son épouse. — Pontife du Seigneur, répondit-elle

avec l'accent de la joie et du bonheur, c'est là le plus ardent de mes souhaits, et ce saint Diacre qui est à vos côtés, en désignant saint Domice, peut vous rendre témoignage de mes sentiments...Il y a long-temps que j'ai pris la résolution de renoncer à tous les engagements du siècle, et Dieu sait ce que j'ai fait et voudrais faire pour appartenir, sans réserve et sans obstacle, à celui que j'ai choisi pour époux. — Seriez-vous fâchée de manifester publiquement ces dispositions? — Ah! loin delà, ce serait pour moi la plus vive des consolations que de pouvoir exprimer publiquement, à la face des autels, les engagements que j'ai contractés dans mon cœur. Je sens que Dieu me presse de le glorifier de la sorte... Mais qui suis-je pour prétendre à l'honneur d'être ainsi reconnue et consacrée en qualité d'épouse du Roi des Rois, moi vers de terre, indigne même de ramper à ses pieds. — C'est précisément, ma chère fille, la faveur que Dieu veut vous faire, toute indigne que vous croyez en être; il veut qu'en présence de toute cette multitude, vous contractiez avec lui un pacte solennel et immuable... Suivez-moi donc au pied des saints autels; c'est là que vous consommerez votre sacrifice ». — Ulphe se lève; deux sentiments se combattent dans son cœur, l'un de frayeur, en se voyant ainsi enlevée tout-à-coup à cette obscurité où elle s'était ensevelie et d'où elle eut souhaité ne jamais sortir; l'autre de joie, en considérant l'insigne miséricorde dont Dieu usait envers elle ». Il est donc vrai, se disait-elle, que je vais contracter avec le Fils du Roi du ciel une alliance éternelle?... Qui pourra briser les liens de cette alliance... Je ne craindrai ni les puissances de la terre, ni celles de l'enfer... Ces pensées la pénétraient tellement qu'elle s'apercevait à peine de la surprise universelle dont elle était l'objet. — Des larmes d'attendrissement inondaient son visage. — Elle s'avance au milieu de l'immense assemblée des fidèles, qui se séparent pour lui donner passage ; tous les yeux sont fixés sur elle ; les voûtes du temple retentissent de chants d'allégresse. — Une estrade ornée de festons était préparée dans le sanctuaire ; elle est destinée à la nouvelle épouse du Sauveur... Si quelque chose peut en ce moment diminuer son bonheur, c'est de se voir obligée de se placer sur ce siège d'honneur; mais elle ne se regarde que comme une victime qui va s'immoler ; une victime ne sait qu'obéir.

Le Pontife adresse à son peuple une allocution touchante; il y exalte la gloire et le bonheur de la virginité: « C'est le trésor caché dont il est parlé dans le saint évangile : une âme qui en fait la découverte, se dépouille de tout ce qu'elle possède, afin d'en faire l'acquisition »... Toutes ses paroles s'appliquaient à la généreuse fille qui était l'objet de la solennité, et qui avait acheté au prix des plus héroïques sacrifices, le bonheur de devenir l'épouse de Jésus-Christ. Ensuite le Prélat toujours en habits pontificaux, assisté d'un clergé nombreux, à la vue de ce grand concours de fidèles, bénit la jeune vierge et reçut son acte de consécration.

En ce moment, si l'on en croit une ancienne tradition, une Dame inconnue, d'un port grave et majestueux, fendit la foule, s'approcha de l'Evêque et lui présenta son voile remarquable par sa blancheur, en le priant d'avoir pour agréable qu'il servît à la nouvelle épouse de Jésus-Christ. Puis elle offrit un anneau que l'Evêque mit au doigt de notre Sainte, comme un symbole de la chaste et éternelle alliance qu'elle venait de contracter avec le Sauveur. Comme la Dame ne reparut plus, on crut qu'elle pourrait bien être la Reine des Vierges qui aurait voulu honorer de sa présence cette auguste solennité.

La cérémonie étant terminée, le Pontife commença les saints mystères. Ils furent célébrés avec une magnificence digne de ce grand jour, et de la part du clergé et du peuple, avec une piété qui surpassait la pompe d'une fête dont on n'avait pas d'exemple... Au moment de la communion, l'humble Vierge, conduite par les officiers de l'église, s'avança sur les degrés du sanctuaire et reçut, des mains du Pontife, le corps adorable du Sauveur... Ainsi se consomma le pacte sacré qui l'unissait irrévocablement à son Dieu. Il serait impossible de dire les sentiments dont son cœur fut pénétré; le feu qui l'embrâsait, ne peut être comparé qu'à celui des Séraphins.

Ce jour-là, Domice ne put retourner que fort tard à son ermitage. Il fut contraint de faire exception à la loi sévère qu'il s'était imposée. L'Evêque le retint et le fit manger à sa table. Pour ce qui est d'Ulphe, la cérémonie ne fut pas plutôt achevée, qu'elle se vit entourée de tout ce que la ville avait de plus éminent pour le rang et la piété parmi les personnes du sexe. L'envie de la voir et de la connaître pouvait bien avoir quelque part à cet empressement; mais le sentiment le plus vif et le plus universel, c'était une impression de foi. Aux yeux de ces âmes vertueuses, nulle distinction ne l'emportait sur celle que venait d'obtenir l'humble servante de Jésus-Christ. C'était à qui lui rendrait plus d'hommages; à qui la féliciterait davantage de son bonheur: elles lui répétaient à peu près les mêmes paroles que le Grand-Prêtre avait adressées à Judith, après qu'elle eut tranché la tête d'Holopherne... « Vous « êtes la gloire de Jérusalem, la joie d'Israel, l'honneur de votre peuple... Parce que la chasteté a « fait vos délices, vous serez éternellement bénie « et votre nom vivra de génération en génération ». En un mot, ce jour fut pour notre Sainte ou plutôt pour la virginité dont elle venait de lever l'étendard,

un vrai jour de triomphe..... Toutes ces personnes
auraient bien souhaité l'emmener à la ville et les
plus opulentes se seraient disputé l'honneur de la
recevoir : mais elle préférait sa pauvre cellule aux
plus brillantes demeures. D'ailleurs, ces honneurs
et ces félicitations étaient pour elle un fardeau qui
l'accablait ; il lui tardait extrèmement d'en être dé-
livrée... Elle se déroba à tous les regards, le plus
vîte qu'elle put, et alla se cacher dans sa solitude,
qui lui parut plus chère que jamais... — Ce fut en
l'année 739 que sainte Ulphe fut ainsi consacrée à
la vie religieuse, par le pieux évêque Chrétien,
17e évêque, depuis saint Firmin.

CHAPITRE V.

Sainte Ulphe attire à la vie parfaite un grand nombre
jeunes personnes. Elle les réunit en communauté.

Jusqu'à cette époque sainte Ulphe était demeuré
inconnue, et le Seigneur avait secondé le soi
qu'elle avait pris de se cacher. Mais le bru
de sa consécration et de l'édifiante cérémonie q
l'avait accompagnée, s'étant répandu dans toute l
contrée, on ne parla plus que de la sainte solitaire
son nom et le lieu de sa retraite cessèrent d'êtr
ignorés ; et grand nombre de personnes de tout
condition vinrent la visiter dans son désert. Ce con
cours lui faisait parfois regretter l'obscurité dans la
quelle elle avait vécu jusques-là ; elle eut été prêt
à s'enfoncer dans une solitude plus profonde, si so
saint directeur ne l'eût rassurée et ne lui eût déclar

que ces visites serviraient au bien des âmes, et que, pourvu qu'elle *marchât toujours en la présence de Dieu*, ces sortes d'entretiens ne porteraient aucun préjudice à l'esprit de recueillement dont elle était si jalouse.

Le pieux évêque Chrétien s'était lui-même transporté à l'ermitage de notre Sainte ; il vit par ses yeux tout ce que saint Domice lui avait raconté, et fut plus touché que personne d'une vie si austère jointe à tant d'innocence ; ce qui l'édifia par-dessus tout, c'était cet esprit d'abjection, ce profond mépris d'elle-même, que le Saint-Esprit avait mis dans le cœur de cette sainte fille. Il ne douta plus alors des desseins du ciel sur elle, et pour en faciliter l'accomplissement, il donna des ordres pour faire construire une habitation plus spacieuse et propre à servir, non plus seulement de demeure à une simple Recluse, mais de berceau à une communauté naissante ; il pressentait que sainte Ulphe ne tarderait pas à avoir des compagnes et des imitatrices de son genre de vie.

Il ne se trompa point dans ses prévisions. Bientôt plusieurs jeunes personnes dont quelques-unes tenaient aux premières familles de la ville, ne pouvant résister à l'attrait de la grâce qui les pressait, ne se contentèrent pas de venir puiser, auprès de la fervente anachorète, des leçons de détachement, de mépris du monde ; elles résolurent

de les mettre en pratique, et finirent par la supplier
de les admettre pour compagnes : « Nous voulons,
lui dirent-elles un jour, nous voulons vivre avec
vous et comme vous; vous serez notre guide, notre
mère. Vous nous apprendrez à servir Dieu, mieux
que nous ne l'avons fait jusqu'ici, et à gagner le
ciel : car, à tout prix, nous voulons nous sauver».

Notre Sainte avait remarqué les progrès de ces
jeunes prosélytes dans la voie de la perfection, et
plus d'une fois elle en avait rendu grâces à l'auteur
de tout bien. Elle fut néanmoins un peu étonnée
de leur résolution. Elle commença par leur repré-
senter et même leur exagérer les difficultés de la
vie qu'elles voulaient entreprendre. « Vous qui êtes
accoutumées à une vie si douce dans le sein de vos
familles, comment pourrez-vous vous faire à une
vie comme celle que le Seigneur exige de moi?
Pourrez-vous coucher sur un lit comme celui-ci,
en leur montrant le sien; vous contenter d'une
nourriture grossière, insipide; changer vos vêtements contre des habits si rudes ». Elle leur tenait
ce langage pour les éprouver; car elle savait que
l'esprit sanctificateur ne conduit pas toutes les âmes
au ciel par la même voie, et elle était bien éloignée
d'imposer aux personnes qui viendraient se joindre
à elle, les austérités qu'elle pratiquait. Elles répondirent qu'elles avaient réfléchi sur tous les sacrifices
qu'elles auraient à faire, qu'elles n'en étaient pas

effrayées et qu'avec le secours d'en haut, elles espéraient triompher de toutes les répugnances de la nature... N'ayant pu déconcerter ces ferventes néophytes, elle bénit de plus en plus le Seigneur de la merveille que sa grâce avait opérée. Mais venant ensuite à réfléchir sur elle-même, elle est effrayée à la pensée de se voir chargée du soin des autres... « A l'entendre, elle est dénuée de « toute bonne qualité... elle n'est qu'une ignorante, « qui malgré tant de leçons qu'elle a reçues, malgré « tant de bons exemples qu'elle a eus sous les yeux, « n'a pas encore appris à connaître Dieu, à l'ai-« mer, à se dépouiller d'elle-même... Elle ajoute « que n'étant venue dans ce désert, que pour y « vivre inconnue et y faire pénitence, il n'y avait « pas d'apparence que Dieu voulût lui donner le « soin de guider personne. » Mais elle eut beau faire valoir toutes les raisons que son humilité lui suggérait, les autres n'en furent que plus cons-tantes dans leur pieuse importunité. A la fin il fallut céder... Ce qui mit un terme à toutes les ré-sistances, ce fut la décision du saint Diacre qui déclara formellement que telle était la volonté du ciel... Le premier Pasteur du diocèse joignit son autorité à celle de saint Domice; dès-lors, il n'y eut plus à délibérer; Ulphe consentit donc à re-cevoir les premières compagnes que le ciel lui envoyait; elles furent les prémices de la grande famille qui lui était destinée. Alors commença à se vé-rifier la prédiction qui lui fut faite, la première nuit qu'elle avait passée dans cette solitude, prédiction qu'elle n'avait pas comprise d'abord, savoir que : *dans ce lieu elle aurait une nombreuse postérité.*

La première qui se mit sous sa conduite fut la vierge Aurée. Plus jeune que sainte Ulphe de quelques années, elle était encore à la fleur de l'âge, et douée d'ailleurs de toutes les qualités dont le monde est idolâtre. Elle se sentait portée à se donner à Dieu; mais ce désir n'était qu'un sentiment vague. Quand elle vit tout ce que faisait la sainte anachorète, elle comprit que le Seigneur lui demandait à elle-même quelque chose de plus que de simples projets de perfection. Ce qui acheva de la déterminer, ce fut une lumière miraculeuse qu'elle vit briller sur le visage de notre Sainte, un jour que celle-ci sortait de l'église, et dès ce moment elle ne balança plus à offrir à Dieu le sacrifice qu'il attendait de sa fidélité. De son côté, sainte Ulphe qui avait reconnu dans la jeune Aurée les plus heureuses dispositions pour tout ce que la vertu a de plus élevé, conçut pour elle une estime et une affection particulière. Cette affection n'était pas de ces amitiés naturelles que forme la sympathie des caractères; elle avait un fondement plus solide; elle reposait toute entière sur la charité. Notre-Seigneur était le lien qui unissait ces deux âmes faites l'une pour l'autre. Aurée ne fut pas rebutée de l'extérieur de pauvreté et de mortification qui éclatait dans la cellule et sur la personne de sa sainte amie ; au contraire, ce fut ce qui la rendit plus empressée à solliciter la faveur de se fixer auprès d'elle. Quand le St.-Esprit s'empare d'une âme et qu'elle est docile à ses inspirations, rien n'est difficile. Ce que la nature trouve impossible, le Seigneur le rend doux et facile.

Aurée ne fut pas la seule conquête de la grâce : plusieurs jeunes personnes suivirent son exemple et l'accompagnèrent dans l'exécution de son généreux dessein, comme elles l'avaient souvent accompagnée dans les pieux pèlerinages à la Thébaïde. D'autres attirées de la même manière, vinrent aussi se ranger sous la discipline de notre Sainte et remplirent insensiblement la demeure qu'avait fait préparer l'évêque Chrétien. On put dès-lors appliquer à cette solitude les paroles d'Isaïe : « Les lieux déserts et inhabités sont devenus comme des jardins délicieux ; on a vu le lys croître là où croissaient auparavant les ronces et les épines. »

CHAPITRE VI.

Sainte Ulphe quitte sa solitude et vient établir sa communauté dans la ville. — Elle institue une association de filles dévotes.

Le nombre des prosélytes croissait de jour en jour; mais plus les vocations se multipliaient, plus notre Bienheureuse sentait la difficulté de rester dans ces lieux déserts avec les jeunes compagnes que le ciel lui donnait. Un des graves inconvénients qui résultait d'un tel isolement, c'était la privation des secours spirituels qu'il fallait aller chercher dans les paroisses voisines, au détriment de l'esprit de recueillement que la sainte fondatrice voulait, avant tout, entretenir parmi ses filles. Très-peu d'entr'elles auraient pu, à son exemple, se rendre chaque jour à St.-Acheul. D'un autre côté, la maison que l'évêque Chrétien avait fait bâtir devenait insuffisante... Quand elle aurait été plus spacieuse, elle n'était pas assez close, assez défendue par des murs, pour protéger convenablement une famille religieuse composée de personnes du sexe. Sainte Ulphe savait que plusieurs parents, bien intentionnés d'ailleurs, ne voyaient qu'avec une extrême répugnance leurs enfants habiter ainsi dans la solitude qu'elle s'était choisie... Toutes ces considérations lui inspirèrent le dessein de transporter sa colonie dans l'intérieur de la ville. Si elle n'eut suivi que son goût, jamais elle n'eut abandonné sa Thébaïde; mais elle préférait l'utilité commune à son attrait particulier, et l'on peut croire que cette détermination fut pour elle la matière d'un bien grand sacrifice... Pas de doute qu'elle n'en conférât plus d'une fois avec l'homme de Dieu. Tous deux reconnurent qu'un changement de local était indispensable et qu'il contribuerait à la gloire de Dieu et au bien des âmes. En conséquence, la translation fut décidée; le Prélat donna entièrement les mains à un projet qui entrait si parfaitement dans ses vues. L'essai d'une vie commune, qu'on avait fait dans la solitude, n'était à ses yeux qu'une première ébauche. La régularité qui avait régné jusques-là, était plutôt l'effet du zèle et de la ferveur de chaque sœur, que celui d'une règle bien établie. Or, le moyen de donner à cette réunion de jeunes personnes si bien disposées, une forme tout-à-fait monastique, c'était d'avoir un emplacement propre à cette destination... On commença par acheter un certain nombre de petites maisons contiguës les unes aux autres, qu'on disposa de manière à former une enceinte régulière. Les Magistrats qui voyaient avec plaisir un établissement de ce genre, concédèrent une portion de terrain appartenant à la ville... Grâce aux largesses des fidèles, on parvint bientôt à construire les lieux nécessaires à une communauté.

Ulphe n'attendit pas que tout fut terminé, pour quitter son désert et venir s'établir à la ville. Elle s'installa, comme elle put, avec sa pieuse famille, dans le local dont nous venons de parler et qui avait de quoi satisfaire des ames avides de privations et de souffrances.

Ainsi commença la première Maison religieuse dans la ville d'Amiens (*). — Sainte Ulphe en fut la fondatrice et la première supérieure. Il est inutile de dire qu'elle les gouverna avec autant de sagesse que de charité. Elle se réserva pour elle-même les austérités qu'elle avait appris à pratiquer dans sa première solitude, et ne voulut pas en faire une obligation à ses filles, toutes n'étant pas appe-

---

(*) La rue où elle s'établit reçut le nom de rue des *Vierges,* via Virginum : par corruption du langage, le peuple la nomma la rue des *Viergeottes* ou *Vergeottes,* et finalement on l'appela rue des *Vergeaux,* nom qu'elle porte encore aujourd'hui.

lées à marcher par la même voie. Elle se borna pour elles à la vie commune jointe au silence, au travail et à une parfaite régularité. Du reste, elle les exhortait à imiter par leurs ardentes prières la ferveur des Anges, et à exprimer, par l'innocence de leur vie, la pureté de ces esprits célestes. Le temps qu'elles avaient passé à la solitude, avait été pour elles un vrai noviciat. C'était là qu'elles avaient puisé l'esprit et l'amour de la sainte pauvreté et qu'elles s'étaient accoutumées à pratiquer cette vertu dans toute sa perfection : aussi n'y avait-il rien de plus pauvre que la *Maison des Vierges*. On n'y vivait que d'aumônes et du produit du travail. Il arriva plus d'une fois qu'on y manqua du nécessaire : c'était alors que ces saintes épouses de Jésus-Christ goûtaient une joie plus sensible ; elles se rappelaient que ce divin Sauveur était né dans une étable et qu'il n'avait pas même *une pierre pour y reposer la tête*. Notre Bienheureuse entretint ses filles dans cet esprit de pauvreté, tant qu'elle vécut et ce fut le principal héritage qu'elle leur laissa.

L'émulation de la vie religieuse était devenue générale. La maison des Vierges ne fut fermée à personne pour défaut de fortune ; mais il était impossible d'y recevoir tous les sujets qui se présentaient. Il y a d'ailleurs des caractères qui, quoique pleins de bonne volonté, ne sont pas faits pour vivre réunis dans un cloître. Le zéle est industrieux : notre Sainte conçut le projet d'une association de filles dévotes qui, tout en restant dans le siècle, seraient affiliées à la communauté-mère, et suivraient, autant que leur condition le permettrait, les pratiques de la vie religieuse. C'est ce qui a été appelé depuis *tiers-ordre.* Ces pieuses filles, après s'être consacrées au Seigneur par le vœu de chasteté, suivaient une règle particulière accommodée à leur situation. Elles entretenaient ensemble et avec la maison principale un saint commerce de prières et de bonnes-œuvres, et devaient avoir de fréquents rapports avec la supérieure dont l'autorité s'étendait aussi sur elles. Par le moyen de cette institution, la famille de sainte Ulphe devint en peu de temps fort nombreuse, dans un siècle où la foi était si vive. La providence se plaisait à vérifier de plus en plus cet oracle de l'évangile : « Celui qui quittera son père, sa mère, ses sœurs, je lui donnerai le centuple en ce monde ».

CHAPITRE VII.

Sainte Ulphe établit Aurée supérieure de sa communauté, et retourne à sa première solitude. Elle assiste saint Domice à la mort.

=

Notre Sainte se réjouissait dans le Seigneur, en voyant toutes ses filles s'animer mutuellement au service de Dieu : elle les voyait surtout avec une joie inexprimable le disputer entr'elles en régularité, en humilité, en esprit de détachement et d'abnégation. Mais une chose qu'elle seule n'apercevait pas, c'est que ce mouvement général vers la perfection avait pour principe les exemples de sa propre vie. Placée à la tête de la communauté par l'autorité épiscopale et le suffrage de ses filles, elle se regardait comme la dernière de toutes. Sa charité et son humilité lui faisaient prendre pour elle-même ce qu'il y avait de plus pénible et de plus rebutant : travailler à la cuisine , au jardin, laver la vaisselle, rendre à ses sœurs mille petits services , comme si elle eût été leur servante, c'était son occupation la plus habituelle et la plus agréable. Aussi le monastère présentait-il l'image du ciel, par la sainte allégresse qu'entretenait parmi ces pieuses filles l'union des volontés et des cœurs.

Ulphe, néanmoins, soupirait toujours après sa chère solitude. Le souvenir des grâces qu'elle y avait reçues, des douceurs qu'elle y avait goûtées, revenait sans cesse à sa pensée. Enfin, après avoir obtenu l'assentiment du saint Diacre et la permission du Prélat, elle se détermina à reprendre son premier genre de vie. Tout était si bien réglé dans sa communauté, les esprits étaient si bien disposés, qu'elle crut pouvoir , sans inconvénient, en confier le gouvernement à d'autres mains. Elle avait d'ailleurs dans la personne de sa première compagne , la vierge Aurée , tout ce qu'elle pouvait désirer pour en faire sa suppléante. De l'agrément des supérieurs ecclésiastiques, elle la mit à la tête de la communauté.

Ainsi, après avoir gouverné la maison des vierges pendant un nombre d'années que les historiens de sa vie ne fixent pas, elle prit congé de ses filles désolées et retourna à son ermitage. Toutefois, par l'ordre exprès de l'évêque , elle fut contrainte de conserver le titre et l'autorité de supérieure.

Rendue à sa chère solitude, elle se reprocha la prétendue dissipation où elle croyait avoir vécu dans le monastère des vierges. Elle reprit avec un nouveau zèle les saintes pratiques qu'elle avait été obligée d'interrompre ou de modérer, durant tout le temps qu'avait demandé la formation de son établissement. Elle recommença, avec le saint vieillard, le voyage journalier de St.-Acheul. Loin de rien retrancher de ses jeûnes et de ses veilles, elle y aurait ajouté de nouvelles austérités, si l'homme de Dieu les lui eût permises. Elle aurait souhaité retrouver cet isolement, ce silence perpétuel que rien ne venait interrompre, dans les premiers temps qu'elle habitait ces lieux solitaires. Désormais trop connue, il lui fallait recevoir la visite de bien des personnes du dehors. Mais autant qu'il était en elle, elle tendait à diminuer ces rapports extérieurs, toujours dangereux à l'ame qui ne les redoute pas assez. D'après l'avis de saint Domice, elle prit une pieuse fille d'un hameau voisin pour faire ses messages et pourvoir à ses besoins, qui comme on l'a dit, se bornaient au plus strict nécessaire. Par ce moyen, elle se trouva libre de tout embarras et de tout soin, et elle put vaquer davantage à la contemplation des choses célestes; c'est aussi ce qu'elle fit jusqu'à la fin de sa carrière, avec une constance qui ne se démentit jamais.

CHAPITRE VIII.

Mort de saint Domice ; il est inhumé dans son ermitage.

Cependant saint Domice persévérait avec la même fidélité dans le genre de vie si austère qu'il avait embrassé ; il était devenu de son côté l'objet de la vénération des peuples. On savait que c'était lui qui avait retenu la servante de Dieu dans ces contrées ; on savait aussi que tout ce qu'elle pratiquait de vertus et de bonnes-œuvres, elle le devait en partie à ses sages conseils ; enfin, on lui attribuait presque toute la sainteté qu'on remarquait dans cette admirable fille. Depuis long-temps la vie n'était plus pour lui qu'un triste exil. Il répétait souvent les paroles de l'apôtre : « Je désire sortir de cette prison, afin d'être uni à Jésus-Christ. » Après une vie aussi pleine, une guerre aussi longue faite sans relâche à la nature, pouvait-il craindre de retourner à son Dieu ? Il était ce serviteur fidèle à qui on avait confié cinq talents et qui en rapportait cinq autres.

Enfin le terme de sa carrière arriva. Il eut un pressentiment de sa fin prochaine. Prévoyant la peine que cette séparation causerait à sa fille spirituelle : « Ulphe, lui dit-il un jour qu'ils revenaient ensemble de l'office divin, si mes intérêts vous touchent, vous ne vous affligerez pas de ce que je vais vous dire... Il me semble que je touche à la fin de mon pélerinage ; je sens que cette maison de boue où mon ame est enfermée, est prête à se dissoudre... Oui, Dieu veut que nous nous séparions, et que ce misérable corps retourne à la terre d'où il est sorti, tandis que mon ame ira trouver son créateur, pour lui rendre compte de toutes ses œuvres..... Je désire que ma dépouille mortelle soit déposée dans l'endroit que j'habite, depuis quarante années ; et si j'ai pu vous servir en quelque chose, je vous demande, pour toute reconnaissance, de vous souvenir de moi dans vos prières. »

Ces paroles percèrent le cœur de notre sainte ; elle voyait bien que le saint vieillard s'affaiblissait ; mais elle aimait à se persuader que le Seigneur prolongerait les jours d'un guide qui lui était si nécessaire... Elle éprouva, en ce moment, une tristesse profonde dont l'homme de Dieu s'aperçut... « Quoi donc ! reprit-il, seriez-vous fâchée de mon

bonheur ? voudriez-vous vous opposer à la sainte
volonté de Dieu ? » Puis il ajouta, pour la consoler :
« Demain nous nous rendrons, comme de coutume,
à la maison du Seigneur et nous y ferons ensemble
la sainte Communion, afin d'avoir la consolation
de nous être trouvés réunis à la table de ce divin
Maître, avant de nous séparer ici-bas. » En effet,
saint Domice et sainte Ulphe s'empressèrent de se
rendre à l'église le lendemain matin. C'était pour
la dernière fois qu'ils y allaient de compagnie. Le
saint Diacre ne devait plus y retourner. Ils par-
ticipèrent l'un et l'autre aux saints Mystères. Domice, qui savait que son heure était venue, reçut
le pain céleste comme viatique pour le grand voyage
de l'éternité. Quand l'action de grâces fut finie, et
ce jour-là elle dura plus long-temps que de coutume, et jamais elle ne fut plus fervente, nos deux
solitaires reprirent leur chemin accoutumé... Mais,
tout au sortir du temple, saint Domice sentit ses
forces défaillir ; il fit effort pour regagner sa pauvre
demeure et il fut contraint de s'arrêter de temps en
temps. Sainte Ulphe le soutint dans la route et
l'accompagna jusque dans son ermitage. Pour cette
fois, elle se crut dispensée de la loi sévère qu'ils
s'étaient faite, de n'entrer jamais dans la cellule l'un
de l'autre... Elle l'aida à s'étendre sur la paille qui
lui servait de lit... elle s'empressa de lui rendre
tous les offices qui dépendaient d'elle ; mais que

pouvait-elle pour conserver une vie qu'aucun re-
mède humain n'aurait pu prolonger? Quel secours
aurait-elle pu lui donner dans le dénûment absolu
où était le réduit du saint Anachorète? Elle n'avait
d'autre soulagement à lui offrir, que ses prières et
ses regrets. Saint Domice conserva jusqu'à la fin la
sérénité de son ame... Il regardait la mort comme
un voyageur envisage le terme de sa course... Il s'en-
dormit dans le Seigneur, le vingtième jour d'octobre,
vers l'an de Notre-Seigneur 768, à l'âge d'environ
quatre-vingts ans, dont il avait passé la moitié dans
ce désert.

Sa fille spirituelle ne le quitta point en ce dernier
moment. Tant qu'il respira, elle retint ses sanglots;
mais aussitôt qu'il eut rendu l'esprit, elle leur donna
un libre cours. Il ne faut pas s'en étonner; la sainteté ne rend point insensible; Ulphe savait tout ce
qu'elle lui devait; elle se voyait privée de celui qui,
depuis trente-huit ans au moins, lui avait servi de
guide, d'appui et de père.

Le chapitre en corps, malgré la distance des lieux,
vint rendre au saint Diacre les honneurs funèbres:
on ne croyait pas pouvoir en trop faire pour honorer
la dépouille mortelle d'un Saint qui avait su joindre
la perfection de la vie cléricale avec ce que la vie érémitique avait de plus austère. Ulphe avait fait connaître les dernières volontés du saint homme; elles
furent suivies de point en point: il fut inhumé dans

le lieu même qu'il avait sanctifié par sa vie humble et pénitente. Les bons habitants des campagnes voisines étaient accourus au bruit de sa mort; ils se partagèrent ses vêtements et jusqu'à la paille de sa pauvre couche. Ulphe ne revendiqua que son cilice. Dès que la cérémonie funèbre fut achevée, elle alla se renfermer dans son ermitage.

Dieu se plut à glorifier la mémoire de son serviteur par d'éclatants miracles. Son tombeau devint célèbre; on venait de fort loin visiter la cellule qu'il avait habitée. Le souvenir des vertus dont il avait donné un si rare exemple, durant une si longue carrière, y attirait une foule de pèlerins. Même après la translation de ses reliques dans l'église cathédrale d'Amiens, en 1279, le concours des peuples à son ermitage ne cessa point. On y voit encore aujourd'hui une chapelle qui n'atteste pas moins les mérites du Saint, que la foi de nos aïeux : on y célèbre une messe tous les ans, le vingt octobre, jour que le martyrologe romain assigne à sa bienheureuse mort.

CHAPITRE IX.

Dernières années de sainte Ulphe. Sa bienheureuse mort.
Honneurs rendus à son tombeau.

Sainte Ulphe, quoique privée de son saint Directeur, ne changea rien à sa manière de vivre. Tant
que les forces le lui permirent, elle ne manqua jamais de se rendre, dès le grand matin, à l'église de
St.-Acheul : chaque jour aussi, elle visitait le tombeau de son père spirituel; c'était pour elle son pélerinage journalier. Toutes les leçons qu'elle avait re-
cueillies de sa bouche, et qui étaient si profondément
gravées dans son cœur, il lui semblait les entendre
de nouveau. Elle s'adressait à lui dans ses doutes
et ses perplexités : « Que m'aurait-il conseillé de
faire en cette circonstance? Quelle réponse m'aurait-il donnée?.... » Il n'en fallait pas davantage

pour dissiper ses incertitudes et pour éclaircir toutes ses difficultés.

De temps en temps elle se rendait auprès de ses chères filles, qui la revoyaient toujours avec une nouvelle consolation et un accroissement sensible de courage dans le service du Seigneur. Ses entretiens soutenaient la ferveur, nourrissaient la charité parmi elles, et leur faisait goûter de plus en plus le bonheur de leur état. Elle leur inspirait un souverain mépris pour le monde qu'elle représentait comme l'ennemi de Jésus-Christ et de son évangile. Elle leur faisait entendre ce que lui avait souvent répété saint Domice : « Que la perfection ne consiste pas à beaucoup faire, mais à bien faire ; — que la fidélité aux petites choses est le chemin le plus court et le plus sûr pour arriver à la vraie sainteté. »

« Puisque nous avons le bonheur d'être les épouses « d'un Dieu, ajoutait-elle, montrons-nous dignes « d'une si noble alliance ; n'abaissons jamais nos re- « gards vers la terre ; que nos pensées et nos affec- « tions soient toutes pour le ciel!.. — Craignons de « devenir jamais des vierges folles... Nous aurions ce « malheur, si par la négligence des moindres obser- « vances nous laissions languir le feu de la charité. « — *Tenons toujours nos lampes allumées ;* le moyen de « ne pas les laisser éteindre, c'est de ne jamais né- « gliger le saint exercice de l'oraison, qui est la clef

« du ciel, la terreur des démons : sans l'assiduité
« à ce saint exercice, il est impossible de persévérer
« dans la bonne voie. Que les difficultés ne nous
« rebutent pas! l'enfer ne pourra rien contre nous,
« si nous mettons constamment en pratique ce divin
« précepte : *Veillez et priez.* Mettons toute notre con-
« fiance en celui qui a daigné nous choisir et nous
« retirer de la Babylone de ce monde. »

Elle les engageait à recourir sans cesse à la Reine
des Vierges ; elle aurait voulu communiquer au
monde entier cette dévotion à Marie ; mais elle voulait surtout en pénétrer le cœur de ses filles ; et il lui
en coûtait peu pour réussir : car elles étaient toutes
dévouées à l'amour et au culte de la mère de Dieu.
En effet, serait-il possible qu'une ame religieuse,
c'est-à-dire consacrée à Jésus, n'aimât pas la Mère
de Jésus ?

A leur tour, elles venaient quelques-unes ensemble la visiter dans sa retraite. Ces pélerinages ré-
ciproques se faisaient avec tant de recueillement,
que l'esprit religieux n'y perdait rien ; au contraire,
ces pieuses filles retournaient toujours édifiées et
remplies d'une nouvelle ardeur pour le service de
leur commun Maître.

Ulphe se trouvait au milieu de sa fervente et nombreuse famille, lorsqu'elle sentit les premières atteintes du mal qui devait l'enlever à la terre. Ne
doutant pas que le moment de son passage à une

meilleure vie ne fut proche, elle voulut retourner à sa chère Thébaïde plutôt que de coutume.
On eût dit qu'elle craignait de mourir ailleurs que
dans le lieu où elle avait été enfantée de nouveau
en Jésus-Christ. Elle souhaitait que, comme son
ermitage avait été voisin de celui de saint Domice,
son tombeau fût également rapproché du tombeau
de l'homme de Dieu.

Cet empressement à regagner la solitude, joint
à un affaiblissement notable que les sœurs avaient
remarqué dans leur bienheureuse Mère, les étonna
et les remplit de tristes pressentiments, qui ne tar-
dèrent pas à se vérifier. — Toutes ses filles auraient
voulu la suivre ; elle en choisit deux pour compagnes de ce voyage qui devait être le dernier.

En s'en retournant elle s'arrêta, comme elle le
faisait d'ordinaire, dans l'église de St.-Acheul. Elle
y pria avec une ferveur extraordinaire... Ce lieu
lui rappelait les plus touchants souvenirs. C'était là
où le saint Diacre l'avait conduite, à son arrivée
dans la solitude... C'était là qu'elle l'avait accompagné si souvent, et que tant de fois elle avait été
nourrie du pain des Anges... C'était là où elle avait
été solennellement consacrée à Dieu ! — Cette sta-
tion était le dernier adieu qu'elle faisait à ce séjour
de bénédictions... A l'imitation de son bienheureux
Père, elle reçut la divine Eucharistie avec les dispositions d'une ame qui ne tient plus à la terre..

Elle y renouvela, dans le secret de son cœur, les saints engagements qu'elle avait contractés et y joignit le sacrifice de sa vie.

Elle recommanda surtout à la Reine des Vierges et à l'Apôtre du Diocèse, la nombreuse famille que le Seigneur lui avait donnée... « O souverain Pas-« teur des ames, répétait-elle en elle-même, ce « troupeau vous appartient ; je n'en ai été que la « gardienne, et gardienne bien infidèle... je vous « le remets. Je le remets à votre divine Mère ; dites-« lui de le garder comme son domaine. Bientôt, je « n'en puis douter, j'aurai quitté cette terre... après « ma mort, veillez, divin Jésus, veillez sur ces « ames que vous avez rachetées de votre sang et ne « permettez pas que le ravisseur entre jamais dans « cette bergerie. »

Ses pieuses compagnes s'aperçurent aisément qu'il se passait quelque chose d'extraordinaire dans l'intérieur de leur sainte Mère... Ses soupirs enflammés, ses larmes qui coulaient en abondance leur révélaient envain les secrets qu'elle aurait cherché à leur cacher. Toutefois, elles ne l'interrompirent pas dans ses intimes communications avec Dieu. Quand elle eut terminé toutes ses dévotions, elle se remit en route, mais plus faible encore qu'elle ne l'était en entrant dans l'église... Son courage la soutint jusqu'au bout de la route.

Elle arriva enfin à sa pauvre demeure toute exté-

nuée et toute languissante. Elle ne put cacher à ses
compagnes qu'elle se croyait arrivée à la fin de son
pèlerinage... Elle passa le reste de la journée dans
une communication intime avec son bien-aimé, tenant presque toujours l'image du Sauveur en croix
collée sur ses lèvres. Quand le soir fut venu, pour
ne pas trop affliger ses chères filles, elle les pria
d'aller se reposer, ajoutant qu'elle-même avait besoin d'un peu de repos, dans l'état où elle se trouvait. Elles sortirent de sa cellule pour lui obéir;
mais elles ne s'éloignèrent pas pour cela.

Dès qu'elle se crut seule, elle donna un libre essor
à l'ardeur qui la consumait. Ses compagnes l'en-
tendaient s'exhaler en soupirs d'amour..... « Venez, Seigneur Jésus, venez et ne tardez pas. Ah!
quand serai-je unie à vous, ô l'époux de mon ame!..
Qu'y a-t-il ici-bas qui puisse me retenir? Que je
vole dans votre sein; pour m'y reposer, et pour être
à jamais avec vous, ô le Dieu de mon cœur...
A ces mots, elle entra dans un ravisssement qui
lui tint lieu d'agonie, et peu après elle exhala son
dernier soupir. Ainsi disparut de la terre et s'envola
vers le ciel cette chaste colombe, à l'âge d'environ
soixante-six ans, le trentième jour du mois de janvier de l'année 776. Elle ne survécut que huit ans
à son bienheureux père.

Cette même nuit, et avant qu'elle eût rendu l'âme,
saint Domice, en habits de diacre et tout éclatant

lumière, apparut à la vierge Aurée, supérieure du monastère de la ville, et lui dit : « Elle a consom- « mé sa carrière... L'hiver est fini pour elle ; les « frimats sont disparus ; je viens la chercher... Sui- « vez la voie qu'elle vous a tracée ; vous la re- « trouverez là haut... » Aurée se lève incontinent ; elle appelle quelques-unes de ses sœurs ; elle leur fait part de ce qui vient de lui arriver. Elles ne doutent pas que cet avertissement ne vienne du ciel. Elles le regardent comme la confirmation de leurs sinistres présages. Elles en sont consternées.

Avant qu'il fut jour, Aurée et ses compagnes par- tirent pour la solitude. Arrivées à l'ermitage, elles trouvèrent leur bienheureuse mère étendue sur sa natte, les mains croisées sur la poitrine, le visage coloré comme celui d'une personne vivante, le front serein et un doux sourire 'sur les lèvres : une odeur suave embaumait sa cellule, et se répandait même au dehors. A cette vue, elles s'imaginèrent d'abord qu'elle n'était qu'endormie, ou plutôt qu'elle était en extase. Mais la trouvant sans respiration, sans chaleur, elles ne doutèrent plus de la vérité de l'avertissement que le ciel leur avait donné. On ne peut exprimer tout ce que ces saintes filles ressen- tirent en ce moment ; elles perdaient celle qui les avait engendrées en Jésus-Christ, celle qui leur avait rendu le poids de la croix si doux et si aimable, encore plus par ses exemples que par ses leçons.

5*

Ce qui les consolait, c'était le souvenir de ses vertus ; c'était surtout la pensée qu'elle était allée dans le séjour de la gloire, que bientôt elles iraient la rejoindre, pour ne plus se séparer, et que du haut du ciel elle continuerait à s'intéresser au bonheur d'une famille qui lui avait été si chère durant sa vie.

Quand on sut dans la ville le trépas de notre Sainte, ce fut un empressement général dans toutes les classes, pour venir la vénérer sur son lit de mort ; tant était universelle l'opinion qu'on avait de sa sainteté.

Chacun voulait avoir quelque chose de ce qui lui avait appartenu : on se recommandait hautement à ses prières. La noblesse unit ses regrets à ceux du simple peuple, et les premières familles de la ville se firent un devoir d'honorer de leur présence les funérailles de la Sainte. On l'inhuma dans son oratoire, comme on avait fait pour saint Domice.

CHAPITRE X.

Le concours au tombeau de la Bienheureuse ne diminua pas après ses obsèques. Au contraire, le temps ne fit qu'augmenter la dévotion des peuples : les prodiges, les guérisons miraculeuses qui s'opérèrent à ce tombeau, le rendirent célèbre et lui attirèrent la vénération publique : Nous en avons la preuve dans ce qu'entreprit et exécuta Enguerrand II, de l'illustre maison de Coucy et seigneur de Boves.

Ce pieux et vaillant gentilhomme avait suivi Philippe-Auguste à la troisième croisade, en 1190, et il y avait couru de très-grands dangers auxquels il sentait bien n'avoir pu échapper que par une providence miraculeuse. De retour dans sa patrie, il chercha comment il pourrait témoigner à la bonté divine la reconnaissance dont il était pénétré. Il se sentit inspiré de consacrer une partie de ses riches domaines à la fondation d'une abbaye de Religieux de Cîteaux. Tout était prêt pour l'exécution de ce projet, quand son épouse Ade, qui avait une dévotion particulière à sainte Ulphe, le pria d'établir de préférence une abbaye de Religieuses du même ordre. Enguerrand acquiesça d'autant plus volontiers au désir de son épouse, que ses deux filles unirent leurs instances à celles de leur mère. Toutes deux avaient pris la résolution de renoncer au monde. Leur vertueuse mère, à qui elles avaient découvert leur dessein, le favorisait autant qu'il était en son pouvoir. Ce fut même dans cette vue qu'elle donna à son époux le conseil dont nous venons de parler.

Quand la détermination d'Enguerrand fut une fois arrêtée, Ade ne lui fit plus un mystère du projet de ses deux filles. Cette ouverture n'étonna point ce valeureux guerrier. Il connaissait la piété de ses enfants. Néanmoins, comme il les chérissait autant qu'il en était aimé, la voix de la nature se fit entendre à son cœur... mais il ne voulut pas être moins généreux que son épouse, quoiqu'il en pût couter à sa tendresse, il fit le sacrifice que le Seigneur lui demandait et se félicita même de pouvoir lui offrir ce nouveau gage de sa vive reconnaissance. Heureux siècle où l'on trouve de pareils sentiments dans les familles que la Providence a placées aux premiers rangs de la société ! — Il fut donc convenu que le Monastère serait bâti dans le lieu même où sainte Ulphe avait habité, et où, depuis quatre siècles, son saint corps reposait et recevait les vœux et les hommages des fidèles. Enguerrand approuva d'autant plus le choix de ce saint lieu, qu'il était situé dans ses terres, à une demi-lieue de sa résidence ordinaire, et qu'il partageait la dévotion de toute sa famille envers la Bienheureuse. Il posa incontinent la première pierre du monastère. La construction en fut commencée l'an 1219, sous l'évêque Evrard, le même qui, l'année suivante, fit creuser les fondements de la cathédrale d'Amiens.

L'enceinte du monastère comprenait tous les lieux qui environnaient l'humble demeure de notre Sainte, avec la fontaine où elle s'était arrêtée. Quand la construction fut achevée, le Prélat qui avait singulièrement approuvé l'entreprise d'Enguerrand, obtint de l'abbesse de St.-Antoine-des-Champs de Paris, une colonie de religieuses de son ordre. Cette maison était en grande réputation de ferveur et de régularité. Les pieuses filles que l'abbesse envoya, furent comme les pierres angulaires de cette édifiante communauté. Elle ne se démentit en aucun temps et se maintint dans son esprit primitif, jusqu'à l'époque de notre malheureuse révolution.

Un fait qui prouve combien était vive la foi du noble et généreux Enguerrand, c'est qu'à l'arrivée des religieuses qu'il attendait de la capitale, il alla, nu-pieds, à leur rencontre, précédé des chapelains du château et de tout le clergé de Boves, et accompagné de la pieuse comtesse Ade son épouse, de ses enfants, de tous ses gens. Il les conduisit jusque dans leur nouvelle demeure, au chant des hymnes et des psaumes.

Peu de temps après, non content d'avoir doté richement cette maison, qui dès-lors prit le nom de Ste.-Marie-du-Paraclet (*), il vint lui-même, avec sa vertueuse épouse, offrir à Dieu ses deux filles. Toutes deux étaient à la fleur de l'âge ; toutes deux pouvaient prétendre, à raison de leur naissance et de leurs grands biens, aux alliances les plus illustres du royaume : elles se firent un bonheur d'ensevelir dans cette solitude toutes les espérances du siècle, et s'estimèrent plus heureuses d'être les humbles ser-

---

(*) Le nom de *paraclet*, qui est une dénomination du St.-Esprit, fut donné à ce Monastère, à l'occasion du temps même où les premières religieuses y furent installées, lequel fut la semaine de la Pentecôte.

vantes de Jésus-Christ que de devenir les épouses des plus nobles seigneurs de la France. L'aînée s'appelait Marguerite, et la seconde Elisabeth : elles méritèrent, peu après leur profession, d'être choisies, l'une pour abbesse, l'autre pour prieure du monastère.

Leur exemple entraîna un grand nombre de jeunes personnes des premières familles de la Picardie et des provinces voisines. Ainsi se vérifiaient de plus en plus les promesses faites à notre Bienheureuse (*).

Quoique l'abbaye ne portât point le nom de sainte Ulphe, c'était toujours en son honneur qu'elle était

---

(*) Il paraît que dès les premières années de la nouvelle abbaye, les religieuses que nous avons vues établies par sainte Ulphe dans la rue des Vergeaux, quittèrent cet établissement, dont, en effet, on ne voit plus de traces dans le moyen-âge, et allèrent se réunir à la communauté du Paraclet-des-Champs. Cette abbaye, par sa situation au milieu d'une campagne isolée, eut dans la suite beaucoup à souffrir, soit des ennemis du dehors qui pénétraient en France, soit des partis qui déchiraient le royaume durant les guerres civiles. Les religieuses s'en étaient déjà retirées plusieurs fois pour se mettre en sûreté, lorsqu'en 1636, menacées de nouveau, elles résolurent de chercher une retraite dans Amiens et de s'y fixer : ce qui fut exécuté avec l'assentiment des deux puissances ecclésiastiques et civiles.

fondée ; l'église avait été bâtie de manière que le maître-autel se trouvait sur son tombeau ; elles possédaient les précieux restes de celle qu'elles regardaient comme leur mère, et dont elles se croyaient les filles.

Il est vrai qu'elles ne jouirent pas long-temps du trésor qu'elles possédaient ; car environ un demi siècle après, ce saint corps fut transféré à la nouvelle cathédrale. Mais sainte Ulphe ne cessa point pour cela d'être regardée comme la patronne de l'abbaye du Paraclet, ainsi qu'Aurée, sa première compagne, dont on conservait religieusement le chef dans la maison.

En l'année 1278, sous Philippe-le-Hardi, fils de saint Louis, huit ans après la mort de ce saint roi, la cathédrale d'Amiens commencée en 1218, continuée sous quatre évêques, se trouva entièrement achevée. L'honneur de mettre la dernière main à ce majestueux édifice, le plus parfait, sans contredit, qui soit en France, était réservé à Bernard d'Abbeville, 47e évêque, depuis saint Firmin. Ce Prélat, encore plus distingué par l'élévation de ses sentiments, que par la noblesse de sa naissance, voulut en faire la dédicace, avec une magnificence qui répondit à la vivacité de sa foi et à la majesté de sa nouvelle basilique. Il ne se contenta pas de l'embellir de peintures, de vitraux, et de marbres de toutes couleurs ; il crut que rien e la décorerait mieux que les reliques des Saints. Le chapitre se souvenait que Domice avait été un de ses membres, et qu'Ulphe avait été la fille spirituelle de ce saint Diacre. En conséquence, il fut arrêté que les deux corps seraient levés de terre, transférés solennellement à la cathédrale, et placés dans le lieu le plus honorable du sanctuaire.

Cette cérémonie annoncée et préparée d'avance, se fit avec une pompe qu'il serait difficile de décrire. Le concours des assistants fut immense; on y accourut de toutes les parties du diocèse et des provinces voisines. Les Rois de France et d'Angleterre, accompagnés d'un grand nombre de Princes et de Seigneurs des deux royaumes, se firent un devoir de concourir à l'éclat de cette fête. Un Cardinal légat du St.-Siège, assisté de l'Archevêque de Rouen, des Evêques d'Evreux, de Langres, de Beauvais, de Bayeux et d'Amiens, présida à cette translation, en présence du Chapitre diocésain, des communautés religieuses et de tout le clergé, d'une multitude d'Abbés réguliers, de Prélats et d'autres Dignitaires ecclésiastiques, et de toutes les Notabilités laïques, sans compter la foule innombrable de fidèles de tout âge et de toute condition. Alors, une translation de reliques était une solennité qui attirait des populations entières. Dans ces cérémonies si pompeuses, on croyait voir déjà briller sur la dépouille mortelle des Bienheureux, les premiers

rayons de la splendeur éternelle qui les attend [a]
séjour de l'immortalité ; on espérait surtout , en c[e]
jours de triomphe pour les amis de Dieu , receve[i]
quelque nouveau gage du grand pouvoir dont [il]
jouissent auprès du souverain Monarque.

Voici la traduction du procès-verbal qui f[u]
dressé par les Evêques et déposé dans la châs[se]
de sainte Ulphe , pour perpétuer la mémoire de [ce]
acte solennel (*).

« A tous ceux qui verront les présentes lettr[es]
» GUILLAUME , Archevêque de Rouen , PHILI[PPE]
» d'Evreux , RENAUD de Beauvais , GUY de Langr[es]

(*) Universis præsentes inspecturis , Guillelmus A[r]-
chiepiscopus Rhotomagensis , Philippus Ebroïcens[is]
Reginaldus Belvacensis , Guido Lingonensis , Rober[t]
Baiocensis, Guillelmus Ambianensis, Dei gratiâ Episco[pi]
æternam in Domino salutem... Noveritis quod anno [In]-
carnationis Dominicæ millesimo ducentesimo septuag[e]-
simo nono , decimo septimo Calend. Junii , Pontifi[ca]-
tûs papæ Domini Nicolaï III anno secundo , Revere[n]-
dus Pater et Dom. Simon , Dei gratiâ , sanctæ Eccle[siæ]
presbyter Cardinalis , apostolicæ sedis Legatus , exc[el]-
lentissimo Philippo Franciæ , et Eduardo Angliæ , D[ei]
gratiâ , Regibus , Carolo Principe Salerni , filio exc[el]-
lentissimi Principis , Regis Siciliæ , et nobis præsentib[us]
nec non multis aliis Principibus Regnorum Franciæ [et]
Angliæ , Abbatibus , Magistratibus , et cleri populi mu[l]-
titudine copiosâ , corpus beatæ Ulphiæ Virginis in p[ræ]-

Robert de Bayeux, Guillaume d'Amiens, Evêques par la grâce de Dieu, salut éternel en notre Seigneur :

» Vous saurez que, l'an de l'Incarnation 1279, le dix-sept des Calendes de juin (16 mai), la seconde année du pontificat de Nicolas III, en présence des excellentissimes Philippe, par la grâce de Dieu, Roi de France, Edouard, Roi d'Angleterre; du sérénissime prince de Salerne, fils de l'excellentissime Charles, Roi de Sicile; en présence de nous, de beaucoup d'autres Princes et Seigneurs chrétiens tant du royaume de France que de celui d'Angleterre, d'un grand nombre d'Abbés, Prélats et Magistrats; en présence de tout le clergé et d'une foule innombrable de laïques, le révérendissime seigneur Simon, par la grâce de Dieu, Cardinal-Prêtre de la Sainte Église romaine et Légat du Saint Siège apostolique, a placé dans cette châsse le corps de la bienheureuse Ulphe Vierge, avec toute la solennité qui a coutume d'être observée en de semblables cérémonies.

---

theca reposuit; illâ solemnitate adhibitâ, quæ con- in talibus adhiberi.

cujus rei testimonium, et ad futuram memoriam, lla nostra præsentibus duximus apponenda. Datum supra.

» En foi de quoi, nous avons jugé à propos d'ap
» poser au présent acte le sceau de nos armes, pou
» en assurer l'authenticité, et en perpétuer à jamai
» la mémoire. Fait à Amiens les jour et an susdits.

———

Cinquante ans après, en 1329, Edouard III, R
d'Angleterre, étant venu à Amiens rendre ho
mage à Philippe de Valois, voulut aussi, à l'exemp
de son aïeul, aller en personne vénérer les res
de la bienheureuse Ulphe. Accompagné du Roi
France, et suivi de toute sa cour, il se rendi
l'église cathédrale, et là, humblement proster
devant les saintes reliques, il y pria avec fer
veur, recommandant ses états et sa personne
cette puissante protectrice. Ces augustes perso
nages, loin de craindre de porter atteinte à la d
gnité royale par ces humbles hommages, croyaie
au contraire, lui donner un nouveau lustre
l'abaissant aux pieds de ceux que le Seigneu
couronnés dans le ciel, et qu'il a revêtus
la terre d'une puissance supérieure à celle d
plus grands monarques. Car quel potentat, en ve
de son autorité suprême, a jamais commandé
maladies ? et l'on a vu cent fois les restes inani
des serviteurs de Dieu opérer les guérisons les p
incontestablement miraculeuses.

CHAPITRE XI.

On ne nous saura pas mauvais gré de terminer la vie de sainte Ulphe par le récit de quelques particularités qui se rattachent à l'histoire de cette illustre Vierge. Nos lecteurs n'apprendront pas sans intérêt ce que sont devenus ces précieux restes, ainsi que ceux de saint Domice : nous rapporterons en même temps ce que nous avons pu recueillir de documents concernant l'abbaye du Paraclet.

Le corps de saint Domice, comme on l'a dit plus haut, fut levé de terre en 1279, en même temps

que celui de sainte Ulphe. La translation de l'un et
de l'autre se fit avec le même concours et la même
magnificence ; ou plutôt l'on peut présumer qu'il
n'y eut qu'une seule solennité pour l'une et l'autre
translation , attendu que la proximité des lieux où
chaque corps reposait , permettait de les réunir
dans la même pompe et le même triomphe. Ils furent
toutefois déposés chacun dans une châsse séparée;
les deux châsses furent placées sous le maître-autel de la cathédrale à côté l'une de l'autre , comme
s'il eût été de la destinée de ces deux Bienheureux
d'être inséparables après leur mort , comme ils
l'avaient été durant leur vie , et de participer aux
mêmes honneurs sur la terre , comme ils parti-
cipent à la même gloire dans le ciel.

Une des chapelles de la cathédrale , à l'extrémité septentrionale de la nef , a été et est encore dédiée à sainte Ulphe. On y vénérait le chef
de la Sainte enchâssé dans un buste en ver-
meil, présent de l'épouse d'Edouard III, Roi d'Angleterre. Cette chapelle était le lieu de réunion,
pour une confrérie érigée sous le nom et sous la
protection de la sainte. On a encore les réglements
de cette pieuse association qui a duré jusqu'à l'é-
poque de la révolution , avec le catalogue des indulgences dont les souverains Pontifes l'avaient
enrichie.

Dans l'intérieur de la cathédrale , il existe un

puits, d'où l'on tirait, chaque jour, l'eau nécessaire
au service divin. On l'appelait et on l'appelle encore
puits de sainte Ulphe, parceque, d'après une tradition
immémoriale, la source qui l'entretenait était une
fontaine où la Sainte s'était quelque fois désaltérée,
en venant à la ville. D'autres prétendent que ce
qui rendait ce puits recommandable, c'était d'avoir
fourni l'eau dont on se servait à la communauté
des Vierges. Quoiqu'il en soit de l'origine du respect que l'on portait à ce puits, il est certain que
les architectes, en construisant l'édifice, ont conservé la source avec une attention religieuse. Obli-
gés de mettre le terrain où se trouvait la fontaine,
de niveau avec le reste du sol, ils l'ont environnée
d'une muraille circulaire de manière à former un
puits. Au temps de la tourmente révolutionnaire,
on enleva la margelle de ce puits, et l'on en couvrit
l'orifice d'une pierre sur laquelle on grava ces mots,
qu'on y lit encore : Puits de sainte Ulphe. On la
voit dans la nef latérale du sanctuaire, à peu de
distance de l'entrée de la grande sacristie.

Il est inutile de rappeler les ravages et les dé-
prédations sacrilèges qu'exerça l'impiété en 1793.
La cathédrale d'Amiens ne fut pas plus épargnée
que les autres églises du royaume. Ses trésors, c'est-
à-dire, ses riches ornements, ses vases sacrés, ses
reliquaires précieux, tout a été envahi; mais les
spoliateurs n'ont pas porté la fureur du sacrilège

aussi loin qu'on le fit en d'autres endroits. En enle-
vant les châsses des Saints, ils laissèrent leurs sacrés ossements et les suaires qui les enveloppaient.
Ces restes vénérables furent recueillis par de zélés
chrétiens. Quand les jours mauvais eurent cessé et
que la religion eût recouvré ses autels, une bonne
partie de ces saintes reliques fut rendue à l'autorité
ecclésiastique. C'est ainsi qu'en 1816, sous l'épis-
copat de Jean-François DE MANDOLX, 83° évêque
d'Amiens, on est parvenu à rétablir la châsse de
ST.-FIRMIN. Toutefois, cette châsse ne contient pas
exclusivement les saints ossements de l'Apôtre du
diocèse ; d'après la teneur du procès-verbal, en
date du 10 août 1816, dressé par Jean-Baptiste
COTTU, vicaire-général, *commissaire ad hoc ;* et signé
du sieur LEMERCHIER, docteur en médecine, et de
plusieurs témoins présents à la cérémonie, la châsse
renferme encore une portion des reliques de ST.-FIR-
MIN-LE-CONFESSEUR, de ST.-HONORÉ, tous deux
évêques d'Amiens ; de plusieurs autres saints Pontifes ; mais notamment celles de ST.-DOMICE et de
STE.-ULPHE. Ainsi ce qui reste des ossements de
cette glorieuse vierge se trouve maintenant renfer-
mé dans une châsse commune, qu'on a désignée
sous le nom de ST.-FIRMIN, par honneur pour celui
que l'église d'Amiens se fait gloire d'appeler son
Apôtre et son Fondateur...

Cette châsse, dite de St.-Firmin, est placée

comme anciennement, derrière le maître-autel, au-dessous de la *suspense*. Elle est en bois doré, dans la même forme et dans les mêmes dimensions que l'ancienne..... Il faut espérer que la piété des fidèles, qui s'est déjà montrée si généreuse pour la restauration et l'embellissement de la maison du Seigneur, n'oubliera pas les serviteurs de ce souverain Maître; et que tôt ou tard, leurs précieux restes seront déposés dans une châsse plus digne de leurs vertus et de l'affection singulière que les habitants d'Amiens ont toujours portée à leurs saints Patrons.

Revenons à l'abbaye du Paraclet. Nous avons vu qu'en 1636 les Religieuses avaient été contraintes de se réfugier à Amiens: elles s'y établirent rue *des Jacobins*, aujourd'hui rue *Bourbon*. L'église qu'elles y bâtirent, était fort belle et parfaitement tenue. On y voyait une chapelle dédiée à sainte Ulphe. Dès qu'elle fut achevée (c'était en 1654) l'abbesse demanda à François Faure, 73e évêque d'Amiens, une partie des reliques de la Sainte. Le 21 décembre de la même année, le prélat fit l'ouverture de la châsse qui contenait le saint corps et en tira une relique qui fut placée dans la chapelle érigée en son honneur. Cette cérémonie donna occasion de vérifier l'authenticité de ce saint dépôt; on trouva dans la châsse l'autographe du procès-verbal de l'année 1279, dont nous avons

donné plus haut le texte, tel qu'il a été transmis par
un témoin oculaire (*).

On conservait encore à l'abbaye du Paraclet,
1º une chaussure de la Sainte; on la vénérait par
suite de la pieuse tradition que cette chaussure
lui avait servi lors de sa fuite de la maison paternelle; 2º une petite tasse en terre cuite qui avait
été à l'usage de la Sainte. Dieu y attacha une vertu
miraculeuse; car quantité de malades ayant bu de
l'eau dans cette tasse, ont été guéris de la fièvre
et d'autres infirmités.

La nouvelle abbaye s'est maintenue, dans son
esprit primitif, jusqu'aux jours de la révolution
où elle a partagé le sort de tous les établissements

(*) Ce témoin est le P. Pierre de St.-Quentin, religieux
capucin, auteur d'une vie de saint Domice et de sainte
Ulphe, qui parut en 1664 et dont on trouve encore quelques exemplaires échappés aux ravages du temps. Il termine son ouvrage par la protestation solennelle qu'ayant
souvent imploré l'assistance de saint Domice et de sainte
Ulphe pour ses besoins spirituels et corporels, il a reçu
de grands secours par leur intercession et mérites; qu'il
publie cette vérité pour *l'acquit de sa conscience, pour
le bon exemple du prochain, pour rendre justice à nos
deux Saints, pour réveiller le monde en leur dévotion
et pour la pure gloire de Dieu.* — Ce sont les expressions
de ce pieux écrivain.

réligieux. Elle ne s'est pas relevée depuis, et ses membres dispersés n'ont pas eu, comme ceux de plusieurs autres ordres, la consolation de se réunir. Les bâtiments ont été en partie détruits, en partie aliénés. L'église qui en faisait le plus bel ornement, subsistait encore en 1835 ; elle fut renversée alors, et l'emplacement qu'elle avait occupé fait partie de la rue Napoléon (*).

(*) D'autres monuments également vénérables ont pareillement disparu. En voici quelques-uns dont le souvenir excitera toujours les regrets des vrais amis de la religion.

1º Personne n'ignore le lieu où reposa pendant plusieurs siècles le corps de St.-Firmin, Apôtre du Diocèse. Le peuple vient encore vénérer, à St.-Acheul, la sépulture du saint Martyr ; mais très-peu connaissent l'endroit où il fut emprisonné et où il reçut la couronne du martyr. Ce lieu se trouve sur la place de la Mairie. Là était l'église *dite de St.-Firmin-en-Castillon*, ainsi nommé parce qu'elle occupait une partie de l'emplacement de l'ancien Château-fort bâti par les Romains. Ce fut dans la prison de ce château, que St.-Firmin eut la tête tranchée. Il ne reste aucun vestige d'un lieu si digne d'une éternelle mémoire !

2º Pour ce qui concerne St.-Martin de Tours, ce pontife si illustre dans toute l'église et si vénéré jadis dans la ville et dans tout le Diocèse. C'est aux portes d'Amiens que ce Saint engagé dans les troupes des Empereurs ro-

Il reste à dire ce que devint le Paraclet *d*
champs. Les bâtiments, négligés par la communau*té*

---

mains, partagea son manteau et en donna la moitié à *u*
pauvre mendiant. — Dans l'église des Célestins, *qu*
avait remplacé l'antique église de *St.-Martin-aux*
Jumeaux, à peu de distance du portail, on voyait *u*
monument qui attestait cet acte héroïque de charité. *Su*
une forme de piédestal carré, en bronze, de la haut*eur*
d'un mètre environ, solidement fixé sur le sol, on li*sait*
ces deux vers d'une latinité assez barbare, il est *vrai*
mais d'une signification fort édifiante :

HIC CHRISTO CLAMYDEM MARTINUS DIMIDIAVIT;
UT FACEREMUS IDEM, SIC NOS EXEMPLIFICAVIT.

C'est ici que saint Martin a partagé son manteau *en*
faveur du Sauveur, dans la personne d'un pauvre. *Il*
a donné cet exemple de charité, afin que nous fission
comme lui... Si l'on désirait connaître la place *de ce*
monument, on la trouverait à l'extrémité du Clo*ître*
St.-Nicolas, sur la petite place du Palais de Ju*stice*
mais aucune inscription n'est là, pour rappeler aux *âges*
futurs ce fait si célèbre dans les annales de l'église.

3° Sur la place *dite St.-Martin*, où est maintenant *une*
fontaine environnée d'arbres, était jadis l'église dédi*ée à*
cet illustre thaumaturge. Cette église avait été bâti*e sur*
l'emplacement de l'hôtellerie où saint Martin eut la *cé*
lèbre vision du Sauveur qui lui apparut couvert de *la*
moitié d'un manteau, disant à ses Anges: *Martin, qui*
n'est encore que catéchumène, m'a couvert de ce vê

depuis sa transmigration à la ville en 1636, tom-
bèrent peu à peu en ruines. En 1714 on démolit
l'église ; et le petit nombre de Religieuses qui l'habitaient encore, l'abandonnèrent entièrement , pour
rejoindre leurs sœurs dans l'abbaye du Paraclet de la
ville d'Amiens. Il ne resta sur pied que la métairie
de l'ancienne abbaye ; on y voit encore une espèce
de petit oratoire où sainte Ulphe est représentée en
relief au-dessus de la fontaine près de laquelle elle
s'était arrêtée, à son arrivée dans la contrée, et dont
l'eau la désaltéra, durant près de cinquante ans.

Rien, jusqu'à ce jour, n'a pu éteindre la mémoire
de cette Sainte. La dévotion publique a survécu aux
siècles, aux guerres civiles et étrangères, aux ré-

---

ment... Il y a peu de Diocèses où il y ait autant de paroisses rurales dédiées à ce grand Saint !.... La ville où
il a jeté le fondement de sa haute sainteté, ne possède
plus un seul oratoire, un seul monument qui rappelle
sa mémoire !....

4° En face de la place St.-Martin, était la chapelle de
St.-Quentin. Elle avait été construite sur le local de la
prison où cet illustre Martyr avait été enfermé ; c'est de
là qu'il a été enlevé par les ordres du cruel Rictiovare et
conduit dans la capitale du Vermandois, où il acheva son
martyre dans les plus violentes tortures. Cette chapelle est
remplacée par les habitations qui bordent l'entrée de la
rue St.-Martin, faisant face à la rue HENRI IV.

volutions sociales, aux dévastations de l'impiété. Grand nombre de mères se sont plu à donner à leurs filles le nom de notre Sainte uni à celui de la Reine des Vierges : delà le nom si commun de *Marie-Ulphe.* Le désert qu'elle a sanctifié par ses vertus, n'est pas devenu, comme tant d'autres lieux, un rendez-vous de fêtes et d'amusements profanes ; il est resté ce qu'il devait être aux yeux de la religion, un lieu toujours vénérable, à raison des souvenirs pieux dont il est rempli.

La fête de sainte Ulphe se célèbre, dans le diocèse d'Amiens, le 31 janvier, jour de sa mort.

Conclusion.

Nous finirons par une remarque qui se présente, pour ainsi dire d'elle-même, mais qui n'en est pas moins frappante. La voici : Tout s'efface, dans le monde ; tout s'oublie ; la mémoire des Rois, des Princes, des grands politiques, des Conquérants même ne leur survit pas long-temps ; l'histoire parvient à peine à les sauver de l'oubli. Mais si leur nom est gravé sur quelques monuments, il ne l'est guère dans l'esprit des peuples. Il en est tout autrement des amis et serviteurs de Dieu. Le Seigneur a dit par la bouche du sage : *Le nom de mes serviteurs est immortel ; il vit de générations en générations* (Eccl. ch. 44).

Cet oracle s'accomplit aujourd'hui, comme dans les premiers siècles de l'église : en dépit de l'enfer, en dépit de l'incrédulité, le nom des Saints, le souvenir de leurs vertus passe de générations en générations. Les trônes s'écroulent, les empires se bouleversent, les nations se détruisent ; les villes, les provinces auront cent fois changé de lois, de gouvernements, de langage : la mémoire des Elus de Dieu survit à tous les changements, à toutes les révolutions. Et ce qu'il y a de plus étonnant, c'est que a plupart de ceux qui obtiennent cette célébrité, n'avaient rien de ce qui donne un nom et de la réputation dans le monde. C'étaient souvent des hommes sans naissance, sans lettres, sans crédit, d'humbles religieux, de pauvres solitaires, des vierges timides et inconnues. Loin de chercher l'éclat, ces saintes ames avaient tout fait pour y échapper : elles s'étaient ensevelies dans les retraites les plus profondes ; elles avaient vécu loin de tout commerce avec le siècle ; elles n'avaient eu d'autre ambition que de se faire oublier du monde entier. Mais plus elles ont cherché à vivre et à mourir ignorées, plus Dieu s'est plu à les glorifier et à les faire honorer.

Nous en avons la preuve dans notre Sainte. Voilà plus de mille ans qu'elle a cessé de vivre, et sa mémoire subsiste encore. Si elle eût occupé un trône et qu'elle n'eût fait que jouir des avantages du rang et de la fortune, il est à croire que l'on n'en parlerait plus; mais parce qu'elle n'a voulu être que l'humble servante du Seigneur, et qu'elle a préféré ce titre à tous ceux que lui promettait sa naissance, elle est et sera toujours connue et honorée. Il est donc vrai que Dieu glorifie ceux qui le glorifient, et qu'il prend soin de leur gloire, même dans ce monde. Mais qu'est-ce que cette gloire comparée à celle qu'il leur réserve dans l'éternité!.... O vous donc qui êtes si avides de renommée, vous ne pouvez guère compter sur celle que le monde distribue; elle est aussi fugitive que la flèche qui traverse les airs. Il y a un moyen de vous illustrer à jamais : travaillez à devenir des Saints, et votre mémoire sera éternelle. *In memoriâ æternâ erit justus* (Ps. 111).

APPENDICE.

Nous avons promis, *page 12 de la préface*, de joindre à la vie de sainte Ulphe l'histoire abrégée de plusieurs autres Vierges chrétiennes qui, s'élevant, comme elle, au-dessus de leur sexe, ont embrassé un genre de vie non moins extraordinaire, que celui dont elle a donné l'exemple. Dans le nombre de

ces chastes héroïnes, nous nous arrêterons de préfe-
rence à celles qui, nées au sein des grandeurs et des
délices du siècle, n'en ont connu les attraits, que
pour les fouler aux pieds avec plus de mérite et de
gloire. Parmi tant d'admirables Vierges qui ont été
chercher au fond des déserts tout ce que la croix a
de rigueurs, nous ne parlerons pas de sainte Thècle
qui fleurit au premier siècle du christianisme. Ayant
reçu le baptême des mains de l'Apôtre des Gentils,
cette incomparable fille que les pères et les historiens se sont plu à combler d'éloges et dont l'église a
inséré le nom dans les Litanies des agonisants,
souffrit, à l'âge de dix-huit ans, trois des plus horribles tourments dont il soit fait mention dans l'histoire des persécutions, savoir : celui du bûcher, des
bêtes féroces, et des reptiles venimeux qu'on avait
amassés dans une fosse où elle fut précipitée. Déli-
vrée miraculeusement d'abord des atteintes du feu,
puis de la dent des bêtes féroces et en dernier lieu
des morsures des serpents, elle revint dans sa patrie,
quitta sa famille et se retira dans une solitude écartée, où elle vécut en solitaire jusqu'à sa mort. Elle
acheva, dans les exercices de la pénitence, un martyre qu'elle avait commencé dans les chaînes et
les tortures. Nous choisirons de préférence ces prodiges de sainteté dans les siècles moins reculés et
nous les prendrons à diverses époques de l'ère
chrétienne. Nous citerons spécialement quatre de

ces généreuses servantes de Jésus-Christ , savoir:
1° Sainte Hermelinde, qui a vécu au septième siècle,
2° sainte Rosalie , au douzième , 3° la vénérable
Catherine de Cardone , au seizième , 4° la Solitaire des Pyrénées, à la fin du dix-septième.

Notre dessein, en les faisant connaître au lecteur,
est de le mieux convaincre que ces prodiges de pénitence ne sont pas aussi rares qu'on pourrait le
croire, et que l'esprit de Dieu, en les renouve-
lant dans tous les âges de l'Eglise, a voulu confondre la lâcheté du commun des chrétiens qui
ne remplissent même pas les devoirs du christianisme. Ces exemples de vertu donnés par le
sexe le plus faible et souvent dans des siècles de
corruption et de débordement, prouvent qu'il y a
dans le christianisme un esprit de vie qui ne s'altère
jamais. Ils blasphèment donc ce qu'ils ignorent,
ceux qui osent avancer *que le catholicisme a fait son
temps.* L'Eglise fondée par Jésus-Christ durera jusqu'à la fin des temps, et jusqu'à la fin des temps elle
enfantera des élus et des héros chrétiens.

SAINTE HERMELINDE (*).

(SEPTIÈME SIÈCLE.)

Sainte Hermelinde, dont la fête se célèbre le 29 octobre, naquit, au commencement du 7ᵉ siècle, d'une illustre famille à laquelle Pépin de Landen, duc de Brabant et père de sainte Gertrude, se faisait gloire d'appartenir. Elle avait reçu une éducation très-soignée. Dès qu'elle fut nubile, ses parents voulurent lui faire contracter une alliance qu'ils croyaient digne de sa naissance;

(*) Vie de Saints, par le P. Gary.

mais elle ne consentit jamais à prendre ce parti. elle résista à toutes les instances de sa famille, et déclara formellement qu'elle n'aurait d'autre époux que Jésus-Christ ; et, pour montrer qu'elle voulait entièrement renoncer au monde, elle se coupa elle-même les cheveux, fit vœu de virginité et embrassa une vie solitaire et pénitente. Ses parents, qui avaient beaucoup de foi, craignant de déplaire à Dieu, respectèrent cette résolution qu'ils jugèrent ne venir que du ciel, et loin de contrarier leur fille dans ses pieux desseins, ils lui cédèrent un vaste domaine qu'ils possédaient près de Louvain ; mais Hermelinde se trouvant dans l'abondance et trop près de sa famille, chercha une solitude plus profonde ; elle abandonna secrètement le domicile que son père lui avait donné, et renonça en même temps aux riches possessions qui devaient lui revenir après la mort de ses proches. Elle alla se cacher dans une bourgade éloignée, déguisant son nom et celui de sa famille et n'y vivant que d'aumônes. Chaque jour elle se rendait nu-pieds à l'église de la paroisse, où elle passait les jours et souvent les nuits en prières, aux pieds des saints autels.

L'ennemi du salut ne put voir sans dépit une telle vertu. Il insinua à de jeunes libertins la pensée d'aller attaquer la Sainte dans sa retraite. La chaste épouse du Sauveur, fut avertie miraculeusement de ce détestable projet. Elle quitta incontinent la bourgade , remerciant le ciel des soins que la Providence lui prodiguait... Loin de changer sa première résolution , cet événement ne fit qu'accroître sa confiance et la confirmer dans le parti qu'elle avait pris : « Non , non , Seigneur , répétait-» elle dans le sentiment de la reconnaissance la » plus vive , ce n'est pas en vain qu'on espère en » vous... J'ai mis toute ma confiance en votre se-» cours , et , j'en ai l'assurance , ma confiance ne » sera jamais confondue... Je vous appartiens , ô » chaste Epoux des Vierges , vous me défendrez » comme un objet qui est à vous. Et vous, ô Marie , » vous qui êtes devenue ma Mère , depuis que j'ai » quitté celle à qui je dois le jour , vous continue-» rez à être mon appui et ma défense... Que peut-» on craindre quand on a pour Protectrice la Mère » de Dieu ? » Pleine de ces pensées et fortifiée intérieurement par l'esprit du Seigneur , elle continua sa route , jusqu'à ce qu'elle eut rencontré , au centre d'une forêt , une grotte où elle n'avait pour lit que du feuillage , et pour nourriture que des fruits sauvages et quelques herbes insipides. Ce fut là qu'elle vécut , à l'imitation des anciens solitaires ; ce fut là aussi qu'elle termina sa sainte carrière.

Quarante-huit ans après sa mort on découvrit son corps ; il fut placé dans un monastère que Pépin fonda en son honneur ; et le Seigneur révéla la gloire de sainte Hermelinde, par un grand nombre de miracles, qui s'opérèrent à son tombeau.

SAINTE ROSALIE (*).

(DOUZIÈME SIÈCLE.)

Sainte Rosalie était fille de Sénébaud, Comte de Roses et de Quisquinie, lequel descendait de l'empereur Charlemagne. Elle était née à Palerme en Sicile, et appartenait, comme on le voit, à une des plus nobles familles de cette époque. Elle connut de bonne heure la vanité des grandeurs, et dans une condition où elle aurait pu prétendre aux alliances les plus brillantes, elle résolut de renoncer à toutes les espérances du siècle, et de n'avoir d'autre époux que Jésus-Christ. Pour mieux assurer l'exécution de son dessein, elle s'enfuit et alla s'en-

(*) *Bréviaire romain.*

fermer dans le creux d'un rocher qui semblait avoir la forme d'un tombeau. Cet antre n'offrait par le haut qu'une seule ouverture fort étroite; ce fut là que cette intrépide épouse de Jésus-Christ osa se fixer, et en quelque sorte, s'ensevelir toute vivante. Elle changea les délices de la maison paternelle, contre tout ce qu'on peut imaginer de plus horrible à la nature. Elle avait gravé sur les rochers qui bordaient sa caverne, cette inscription qu'on ne découvrit qu'après sa mort, et dont la vue, en lui rappelant sa première résolution, ranimait chaque jour sa ferveur: « *C'est ici que moi, Rosalie, fille de* » *Sénébaud, ai résolu d'habiter pour l'amour de Jésus-* » *Christ, mon Sauveur.* »

Comme le lieu de sa retraite se trouvait dans l'un des domaines de la principauté de son père, elle mettait tous ses soins à n'être pas découverte; car on n'eût pas manqué de la rendre à sa famille qui ignorait ce qu'elle était devenue et qui ne cessait de la regretter.

Satan fit tout ce qu'il put pour lui inspirer le dégoût et l'horreur d'un genre de vie si extraordinaire; mais Rosalie, loin de céder aux suggestions de l'enfer, s'armait d'un nouveau courage à mesure que les tentations redoublaient de violence. Plus l'ennemi la tourmentait, plus elle était industrieuse à se crucifier elle-même. Peu contente de n'avoir pour lit que l'aspérité des rochers, elle se déchirait impitoyablement avec les épines qui croissaient autour du lieu de sa retraite et qui lui tenaient lieu de haire et de cotte de fer. Elle n'avait pour témoin des saintes cruautés qu'elle exerçait sur elle-même, que les Anges et le Roi des Anges.

Il est écrit: *Que la voie du Juste, semblable à la lumière du jour, va toujours croissant jusqu'à ce qu'elle arrive à la brillante clarté.* (prov. 4. 18). Tant de rigueurs ne suffisait pas à l'amour des souffrances que le St.-Esprit avait gravé dans le cœur de sainte Rosalie. Après avoir passé plusieurs années dans son antre de Quisquinie, elle se sentit inspirée de quitter cette retraite, pour aller habiter une caverne qui avait quelque chose de plus horrible encore, et qui n'était qu'à trois milles (environ une lieue) de Palerme. Cette caverne était au pied du Pelequino : on n'y pouvait pénétrer qu'en se glissant à travers les broussailles. On eût dit que la divine Providence, en conduisant Rosalie dans cette affreuse demeure, n'avait eu en vue que de faire éclater la force de la grâce, puisque, chaque jour, elle pouvait apercevoir le palais qu'habitait sa famille, qui était en face de la caverne; mais rien n'ébranla sa constance. Elle y vécut comme elle avait fait dans sa solitude de Quisquinie, ne se nourrissant que des fruits sauvages qui croissaient sur la montagne où sa grotte était située, ou plutôt on peut présumer que celui qui donne aux oiseaux leur pâ-

ture, aura pourvu à sa subsistance, comme il a
fait en faveur de St. Paul, premier ermite, de
Ste. Marie-Egyptienne, etc. Quoiqu'il en soit, elle
persévéra dans ce long martyre jusqu'à sa mort qui
arriva vers 1160. — Son corps resté sans aucune
altération pendant près de quatre siècles, fut découvert miraculeusement en 1650, sous le pontifical
d'Urbain VIII... On le trouva sous un rocher taillé
en forme de tombeau dans le fond de la grotte de
Pelequino, où elle avait passé les dernières années
de sa vie angélique... Sa fête se célèbre le 4 septembre. Elle est honorée comme Patronne de la
Sicile. Les habitants de Palerme l'ont en singulière
vénération; ils l'invoquent dans les calamités pu-
bliques et ils ont éprouvé, surtout en temps de
peste, les effets signalés de sa puissante protection.

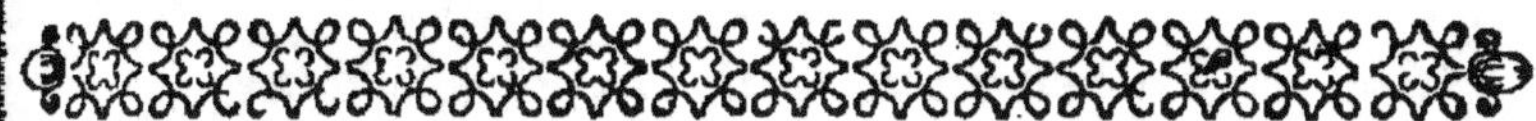

LA VÉNÉRABLE

CATHERINE DE CARDONE (*).

(SEIZIÈME SIÈCLE.)

Catherine de Cardone descendait des anciens Ducs de ce nom ; sa famille, une des plus illustres d'Espagne, était alliée aux rois d'Aragon.

Elle vint au monde en 1514. Dès l'âge de huit ans, elle se sentit appelée à une vie parfaite : aussi commença-t-elle dès-lors à s'adonner à l'oraison, et à pratiquer beaucoup d'austérités qu'elle dérobait, autant qu'elle le pouvait, à la connaissance de ses parents. Déjà elle aurait voulu quitter le monde, mais sa famille s'opposa à ce dessein. Plus tard on chercha à la marier : mais le Seigneur, auquel elle s'était consacrée, ne permit pas que ce

---

(*) Extrait des OEuvres de Ste.-Thérèse.

projet réussît. Le gentilhomme qu'on lui destinait pour époux, mourut dans le temps même que toutes les dispositions était faites pour son mariage. Elle regarda cet évènement comme un coup du ciel, qui voulait la délivrer de tout engagement dans le siècle. Pour se soustraire au danger de nouvelles poursuites, elle se retira dans un couvent de religieuses de St.-François, sans cependant prétendre s'engager parmi elles. Mais si elle ne prit point l'habit de ces saintes filles, elle les imita, les surpassa même dans l'exercice de la pénitence et dans la rigueur avec laquelle elle traitait son corps.

Elle fut contrainte de quitter cet asyle pour retourner à la cour d'Espagne. Comme elle joignait une rare prudence et un esprit cultivé à une éminente piété, le Prince de Salerne jeta les yeux sur elle, et la donna pour dame d'honneur à la Princesse son épouse. Cette princesse étant venue à mourir, un autre grand d'Espagne, Ruy-Gomez, qui connaissait le mérite de Catherine, crut ne pouvoir rien faire de mieux que de l'appeler dans son palais pour être la compagne de la Princesse d'Eboli, son épouse, gouvernante de Don Carlos, petit-fils de Charles-Quint, et de Don Juan d'Autriche. Mais en quittant la maison de St.-François, où elle s'était réfugiée, elle n'avait point renoncé à l'esprit de mortification qui était devenu comme son attrait dominant. Elle continua donc, dans le palais, des grands, le genre de vie qu'elle avait mené dans le cloître. Elle exerçait en secret toutes les macérations qu'elle pouvait pratiquer, sans être découverte; sous les riches vêtements qu'elle était forcée de porter, elle cachait les haires et les cilices dont elle affligeait sa chair.

Ces austérités ne suffisaient pas à sa ferveur : la nécessité où elle était de se contraindre en mille circonstances, n'était pas la moins rude de ces mortifications... elle s'y soumit de bonne grâce, jusqu'à ce que pressée de plus en plus par l'esprit de Dieu, elle prit la résolution de quitter tout-à-fait le monde, et d'aller chercher quelque solitude où il lui fût permis de suivre, en pleine liberté, son attrait pour la contemplation des choses célestes. Elle communiqua ce dessein à saint Pierre d'Alcantara qui, après l'avoir bien examiné, crut qu'il venait du ciel et y donna son approbation.

Forte d'une telle autorité, elle ne balança plus à mettre son projet à exécution, et elle profita des ténèbres de la nuit, pour s'échapper du château du prince Ruy-Gomez. En partant, elle laissa une lettre par laquelle elle instruisait de sa détermination ce Seigneur et la Princesse d'Eboli, son épouse, dont elle était singulièrement aimée et estimée. Elle les remerciait l'un et l'autre, avec une grande humilité, de toutes les bontés dont ils avaient usé à son égard; elle les conjurait de ne faire aucune dé-

marche pour découvrir le lieu de sa retraite, ajoutant que, quand même on parviendrait à la trouver,
on ne réussirait jamais à la faire changer de résolution. On peut aisément se figurer l'impression
que produisit cette lettre sur les personnes aux-
quelles elle était adressée, et sur toutes celles qui
en eurent connaissance. On peut même présumer
que cet exemple ne contribua pas peu à la détermination que prirent dans la suite plusieurs personnes de la cour, de se consacrer entièrement à
Dieu, et de suivre la voie des conseils évangé-
liques.

Catherine s'étant revêtue d'un habit d'ermite
qu'elle s'était procuré, et n'emportant avec elle
qu'un crucifix et ses instruments de pénitence, prit
la route de la ville de Roda dans le diocèse de
Cuenca. Elle était accompagnée d'un pieux solitaire
qu'elle avait mis dans sa confidence. Ayant découvert à une demi-lieue de la ville, entre des halliers
d'épines, dans le creux d'un rocher, un enfoncement fort profond, plus propre à servir de tanière
aux renards que d'habitation à un mortel, Catherine
s'y arrêta. « N'allons pas plus loin, dit-elle à son
» guide; c'est ici le lieu que la Providence me des-
» tine, c'est ici que le Seigneur veut que je de-
» meure. Il est inutile de chercher ailleurs. » Cette
grotte était si étroite qu'elle suffisait à peine pour
contenir et abriter la servante de Jésus-Christ, et

d'ailleurs si basse qu'il n'y avait pas moyen de s'y tenir debout. Voilà cependant le logement que choisit celle qui avait été élevée si délicatement et qui avait jusqu'alors habité des appartements aussi commodes que magnifiques. Le saint homme qui l'avait accompagnée ferma comme il put, avec une claie de genêts qu'il fabriqua à la hâte, l'entrée de la grotte, tant pour en dérober la vue à ceux que le hasard amènerait dans ces lieux déserts, que pour défendre la nouvelle solitaire contre l'intempérie des saisons. En la quittant, il lui laissa trois petits pains qu'il avait apportés avec lui. Ce furent là toutes les provisions dont elle se contenta : quand elles furent épuisées, elle n'eut plus d'autre nourriture que l'herbe des champs et les fruits sauvages qu'elle allait cueillir aux environs de son ermitage. L'amour divin dont elle était embrasée lui rendit ces grossiers aliments plus agréables et plus savoureux que ceux qu'elle avait rencontrés à la table des Rois. Sainte Thérèse s'écrie à cette occasion : « Quel » devait être, ô mon Sauveur, l'amour dont cette » grande âme brûlait pour vous ! Quelle devait » être cette sainte ivresse qui, par la crainte de » trouver quelque obstacle au bonheur de jouir » sans cesse de la présence de son divin Epoux, la » faisait ainsi renoncer pour jamais à tous les biens, » à toutes les satisfactions, à tous les honneurs du » monde. »

Catherine avait quarante-huit ans quand elle commença ce genre de vie qui eût effrayé les plus fervents anachorètes, et elle le continua sans relâche jusqu'à la fin de sa vie. Elle entra dans sa solitude en 1562, à l'époque précise où sainte Thérèse entreprenait la réforme du Carmel. Une seule chose l'inquiétait ; c'était de savoir comment elle pourrait participer aux Sacrements de l'église ; et assister au saint sacrifice de la Messe. Heureusement, à une demi-lieue de sa retraite, il y avait un couvent de Religieux de la Merci. C'est là qu'elle se rendait les dimanches et fêtes, pour y assister aux offices divins et faire ses dévotions. Elle choisit pour confesseur un des Pères du monastère ; et elle avait soin de grossir un peu sa voix, afin qu'il n'eût aucun soupçon sur son sexe, et qu'il ne fît aucune question étrangère à l'état de sa conscience.

Dans les commencements, Dieu permit qu'on ne fît pas beaucoup d'attention à elle ; mais à la fin elle fut remarquée par les habitants du pays qui étaient dans l'habitude de fréquenter l'église du couvent. Comme ils ne connaissaient aucun ermite dans les environs, ils étaient étonnés d'en voir, chaque dimanche, un qui passait une grande partie de la journée dans le lieu saint, avec un recueillement et une ferveur qui les édifiait. « Quel est donc, » se disaient-ils, ce solitaire si pieux, si dévot, qui » reste si long-temps en prières? Où demeure-t-il?

» En quel endroit a-t-il placé son ermitage ? Il ne
» saurait être loin d'ici, puisqu'il est si assidu aux
» offices qui se célèbrent chez les pères de la
» Merci. » Catherine s'aperçut aisément qu'elle
était devenue l'objet de l'attention de ces bonnes
gens. Pour tromper leur curiosité, elle faisait une
multitude de détours, de sorte qu'elle déconcertait
ceux qui se mettaient en peine de la suivre. Mais
elle ne parvenait à se délivrer de leur importunité,
qu'avec de grandes fatigues; car marchant toujours
nu-pieds, il lui fallait traverser des sentiers couverts de cailloux tranchants, et se glisser à travers
les ronces et les épines, de sorte qu'elle n'arrivait
souvent à sa grotte que les pieds meurtris et les
mains ou la tête ensanglantées.

Elle ne prenait ordinairement qu'une heure de
sommeil : le reste du temps elle l'employait à la
prière et à la contemplation des choses célestes.
Tout servait à l'élever à Dieu; rien ne faisait une
aussi vive impression sur son ame que la vue du firmament. Durant la nuit, lorsque le ciel était pur et
serein, elle sortait de sa cellule et allait se placer
sur la cime d'un monticule. Au spectacle que lui
offrait le ciel, Catherine entrait dans une espèce de
ravissement qui lui ôtait l'usage des sens; et quand
l'astre du jour paraissait, elle se plaignait, comme
autrefois saint Antoine, de ce qu'il venait si tôt interrompre le repos et la joie de son cœur.

Enfin, sa retraite fut découverte par un berger qui conduisait son troupeau dans les environs. Catherine le conjura de ne révéler son secret à personne. « Je ne puis vous obéir, lui répondit cet » homme simple et droit ; car mon maître, qui est » bon chrétien, désire depuis long-temps savoir où » vous demeurez : quand il le saura, il en sera ravi. » Je vous promets qu'il ne vous laissera manquer » de rien. » La sainte le remercia, en lui protestant qu'elle avait tout ce qui lui était nécessaire. « Il n'en sera pas ainsi, saint ermite que nous ré- » vérons tous, je vous apporterai le pain dont vous » avez besoin. » Catherine eut beau s'en défendre, il lui fallut accepter d'abord une partie du pain que ce bon paysan avait pris pour sa nourriture, et recevoir ensuite celui que le maître lui envoyait. Elle n'en mangeait que de trois jours en trois jours. Comme la pâte en était fort compacte, elle avait beaucoup de peine à la broyer sous ses dents. Ses gencives en étaient toutes froissées, et souvent même toutes sanglantes.

Le bruit de la découverte qu'avait faite le berger se répandit bientôt dans les bourgades d'alentour. Les ecclésiastiques vinrent à la grotte de Catherine aussi bien que les laïques. Un livre d'heures qui fut trouvé dans sa caverne, un jour qu'elle était absente, trahit tous ses secrets. Car le livre portait cette inscription : *Ce livre a été donné* à *Catherine de Cardone par la princesse d'Eboli.* On sut que la personne que l'on prenait pour un ermite était une femme, et qu'elle appartenait à ce que l'Espagne avait de plus distingué. Dès-lors, le concours devint immense. Chacun voulait voir ce prodige de la grâce. On se mettait à genoux quand on la rencontrait ; on s'estimait heureux de pouvoir toucher la pauvre tunique dont elle était couverte, ou d'obtenir quelque chose qui eût été à son usage.

Ces honneurs furent pour elle un vrai martyre. Pour s'y dérober, elle était prête à fuir ; elle prétendait aller trouver le charitable solitaire qui l'avait si bien aidée dans sa première fuite, afin qu'il lui procurât une autre retraite : mais elle apprit qu'il était mort. Elle regarda cet événement comme un avertissement du ciel qui voulait qu'elle restât où elle était, et elle se soumit à cette disposition de la divine Providence.

Elle fut mandée à la cour de Madrid : elle y parut avec son habit d'ermite, c'est-à-dire, avec une tunique de l'étoffe la plus grossière toute usée, une ceinture de corde, et le capuchon sur la tête. On ne put jamais la déterminer à prendre un vêtement plus convenable au rang qu'elle avait tenu dans le monde, et à la dignité des augustes personnes qui étaient curieuses de la revoir. Un costume si étrange ne fit qu'augmenter le respect qu'on avait pour sa vertu. La Reine et ses enfants tinrent à honneur de s'entretenir avec elle, et recueillirent ses paroles comme autant d'oracles. Les Seigneurs qui l'avaient connue jadis, et qui l'avaient vue dans tout l'éclat que lui donnait sa naissance, ne pouvaient revenir de leur surprise. Son aspect était la plus éloquente des prédications et la plus propre à leur persuader le néant des choses de la terre. Son langage, ses manières autrefois si polies, avaient pris quelque chose des manières du simple peuple; elle était bien aise de rebuter par-là les personnes qu'attirait une curiosité profane.

Le séjour de la cour fut un des plus rudes supplices qu'elle eût enduré de sa vie. Oh! combien elle soupirait après sa pauvre grotte où elle n'avait pour lit que des sarments et une pierre pour oreiller! Elle sollicita instamment son congé. Dès qu'elle l'eut obtenu, elle se hâta de retourner à son ermitage: mais elle n'y trouva plus le repos dont elle avait joui. C'était sans cesse de nouvelles visites, non seulement de la part des artisans, des bons habitants des campagnes de tout âge et de tout sexe, mais même de la part des premières classes de la société.

Fatiguée plus que jamais d'une célébrité qui troublait sa solitude et la couvrait elle-même de confusion, elle céda son ermitage à un couvent de Carmes déchaussés qui construisirent un monastère en cet endroit. A quelque distance du couvent, on lui bâtit une petite cellule, d'où, par le moyen d'un conduit souterrain qu'on avait ménagé, elle pouvait entrer dans l'église des Pères sans être vue de personne. Enfermée dans ce réduit comme dans un tombeau, elle y vivait, comme si elle n'eut plus été de ce monde. Les Religieux pourvoyaient à sa subsistance qui se réduisait à quelques aliments grossiers : à cela près, elle endura toutes les incommodités qu'on peut imaginer dans une semblable situation ; et comme si tout cela n'eût pas suffi, elle enchérit encore sur les austérités qu'elle avait pratiquées jusqu'alors ; à tel point que sainte Thérèse, qui était si accoutumée aux souffrances, avait peine à concevoir comment Catherine pouvait vivre. Elle avait passé environ dix ans dans sa caverne ; elle en passa encore cinq dans cette prison volontaire. Ce fut en 1577, qu'elle termina sa sainte et admirable carrière, âgée de soixante-trois ans et six mois, dont elle avait passé près de quinze dans des pratiques dont les anachorètes de la Thébaïde eussent pu à peine soutenir les rigueurs.

Sainte Thérèse termine ainsi l'histoire de la vénérable Catherine de Cardonne : « La satisfaction » que j'ai éprouvée, en voyant un couvent de notre » ordre établi dans le lieu même où cette grande » Sainte a fait une si rigoureuse pénitence, m'a » couverte d'une confusion qui dure encore, quand

» je pense que celle qui a vécu de la sorte, était
» fille comme moi, plus délicatement élevée à cause
» de sa condition, moins pécheresse, sans compa-
» raison, que je ne suis, et qui n'avait pas reçu de
» Notre-Seigneur autant de faveurs qu'il m'en a
» faites, dont la plus grande est celle de ne m'avoir
» pas précipitée en enfer, comme mes péchés le
» méritaient. Ma seule consolation est le désir que
» j'ai de mieux faire à l'avenir; mais cette conso-
» lation est faible, parce que toute ma vie s'est
» passée en semblables désirs, sans y avoir ré-
» pondu par mes actions. »

Sainte Thérèse tenait ce langage par humilité,
et son humilité lui cachait tout ce qu'elle faisait
elle-même d'héroïque pour sa propre sanctification et celle des autres... Il y a cette différence
entre l'aveuglement qui provient de l'humilité et
celui que l'orgueil produit, c'est que le premier
cache les vertus et que le second nous ôte la connaissance de nos défauts. Si jamais nous avions le
malheur de nous égarer, conjurons le Seigneur de
ne point nous frapper de cet aveuglement spirituel,
lequel est, en ce monde, le plus grand des châtiments.

LA SOLITAIRE DES PYRÉNÉES.

(DIX-SEPTIÈME SIÈCLE.)

L'histoire suivante paraîtra peut-être plus admirable que celles qui précèdent, eu égard au lieu et à l'époque où cette merveille de la grâce s'est opérée.

Vers l'an 1666, la famille de Montmorency, l'une des plus anciennes et des plus illustres de la France, perdit une demoiselle de l'âge d'environ quinze ans, dans le temps où ses parents s'occupaient de son établissement. La jeune personne, pour se soustraire à un état auquel elle ne se croyait pas appelée, se déroba à la vigilance de ses gouvernantes ; et par une suite de pieux stratagèmes, que favorisa la divine Providence, elle échappa aux perquisitions qu'on fit pour la découvrir. Toutes les circonstances qui ont précédé et suivi la disparition de *Jeanne-*

Marguerite de Montmorency, portent à croire que c'est elle-même qui est la fille extraordinaire dont nous allons donner l'histoire abrégée.

Dieu l'avait prévenue de ses bénédictions. Elle y correspondit avec tant de fidélité, que dès son bas âge elle avait commencé à mépriser tout ce que le monde recherche et préconise. Elle n'eût pas plutôt connu l'excellence de la virginité, qu'elle se consacra pour toujours au Seigneur et promit de n'avoir jamais d'autre époux que Jésus-Christ. Ce n'était point pour cette généreuse Vierge un de ces engagements pris à la légère dans un moment de ferveur ; cette résolution avait été méditée, et sans doute autorisée par le directeur de sa conscience. La fermeté avec laquelle elle la soutint fit voir qu'elle n'avait fait qu'obéir à l'inspiration du ciel. Elle commença par éluder, sous divers prétextes, les instances de sa famille, qui aurait voulu lui voir accepter un des brillants partis qui s'étaient présentés. Pour ne pas trop la presser, on l'envoya chez une Tante fort vertueuse d'ailleurs, dans l'espoir que cette Tante, qui avait beaucoup d'ascendant sur l'esprit de sa Nièce, obtiendrait, par la persuasion, un consentement que l'autorité paternelle ne voulait pas extorquer.

La jeune Vierge demanda et obtint la permission de faire le pélérinage du Mont-Valérien près Paris, où, comme l'on sait, étaient érigées les stations de

a passion du Sauveur. Elle les parcourut toutes les
unes après les autres. Parvenue à celle qui repré-
sente Notre-Seigneur sur la croix, elle conjura,
avec une grande effusion de larmes, celui qu'elle
avait choisi pour époux, de la soustraire au danger de lui devenir infidèle; elle le pria de lui apprendre les moyens de vivre désormais en épouse
inconnue et crucifiée avec lui, remettant son corps
et son ame entre ses mains, et s'abandonnant pour
toujours aux soins de la Providence.

L'esprit tout rempli de ces saintes pensées, elle
descend de la montagne, et sans trop savoir ce
qu'elle allait faire, elle porte ses pas vers le bois de
Boulogne. Arrivée à l'abbaye de Long-Champ, elle
se sent fortement inspirée d'entrer dans l'église; là,
elle congédie, pour quelques heures, les gens de
confiance que sa Tante lui avait donnés pour l'accompagner, sous prétexte qu'elle avait encore beaucoup
de prières à réciter. Ceux-ci ne se doutant de rien,
la laissent volontiers achever ses dévotions. Dès
qu'elle les croit un peu éloignés, elle sort de l'é-
glise, après s'être de nouveau recommandée à Jésus-Christ et à sa très-sainte Mère, et s'enfonce
dans la partie du bois la moins fréquentée. Elle
suivait à tout hasard un sentier détourné, quand elle
aperçut une pauvre femme qui lui demanda l'aumône. Cette rencontre lui paraît un coup du ciel.
Elle forme à l'instant son plan et le met à exécu-

tion. Elle prend les vêtements de cette mendiante, et lui donne en échange ceux qu'elle portait ; pour achever son déguisement, elle se barbouille de terre les mains et le visage et tâche de se défigurer le plus qu'il lui est possible. Elle tourne ensuite du côté opposé à celui où elle soupçonne qu'on va faire les premières recherches ; elle marche tout le reste du jour, et se trouve dans un village situé sur la Seine, à plusieurs lieues de Paris. Là elle est rencontrée par de charitables Ecclésiastiques qui, touchés de sa jeunesse et des dangers qu'elle pouvait courir, prennent intérêt à sa situation, lui cherchent d'abord un asyle, puis la font entrer sous le nom de *Jeanne-Marguerite*, le seul qu'elle leur eût indiqué, au service d'une Dame du pays, fort riche d'ailleurs et dont la maison était sûre pour les mœurs.

C'était une dévote fort régulière, mais d'un caractère difficile, d'une humeur acariâtre et tracassière, qui n'avait jamais su garder ni laquais, ni servante. Jeanne-Marguerite entra sur le pied de femme de chambre ; mais comme aucun domestique ne tenait dans cette maison, bientôt elle se vit, à l'âge de seize ans, obligée de servir seule de femme de chambre, de cuisinière, de portière, etc. Ce qui la consolait et la réjouissait même, dans une condition de ce genre, c'était d'abord l'occasion de contenter sa soif des croix et des humiliations, puis de n'avoir ni curieux, ni curieuses autour d'elle ; et par ce moyen de mettre son secret plus à couvert. Elle soutint avec une patience inaltérable et une douceur angélique, jusqu'à la mort de sa maîtresse, c'est-à-dire, l'espace de neuf à dix ans, non-seulement toutes les fatigues attachées à sa situation, mais tous les caprices, toutes les bizarreries de cet esprit intraitable ; de sorte que la dame fut à la fin si confuse de sa conduite envers son incomparable *Jeanne-Marguerite*, qu'elle lui en demanda publiquement pardon, à l'article de la mort, et voulut absolument la dédommager par une gratification de *quatre mille* francs qu'elle chargea ses héritiers de lui payer, outre ses gages dont jusques-là elle n'avait presque rien touché. Ces deux sommes réunies s'élevaient à *six mille* francs. La généreuse fille commença par refuser cette largesse, disant qu'elle n'y avait aucun droit ; mais elle eut beau s'en défendre, elle fut contrainte de recevoir la somme entière. Dès qu'elle l'eut entre les mains, elle la distribua aux pauvres, à la réserve d'une modique partie de cet argent qu'elle réserva pour ses besoins les plus pressants. Ayant ensuite réfléchi sur les suites d'une libéralité si extraordinaire de la part d'une simple domestique, elle prévit qu'il n'en fallait pas davantage pour attirer l'attention et la faire sortir de *l'incognito* qu'elle se félicitait tant d'avoir rencontré, et dont elle ne voulait jamais sortir. Elle résolut de se retirer au plus vîte de ce péril.

A peine de retour de l'enterrement de sa maîtresse, elle voit passer le coche-d'eau pour Auxerre;
elle s'y jette à l'instant. Arrivée dans cette ville,
elle y chercha une condition, et ne fut pas long-
temps sans en trouver une qui parut lui convenir.
C'était chez un maître menuisier assez distingué
dans sa profession et jouissant d'une grande réputation de probité; il était en même temps sculpteur.
On ne saurait douter que la rencontre de cette maison n'eût été ménagée par la divine Providence.

Les connaissances que Jeanne-Marguerite avait
acquise dans sa première jeunesse, la rendirent
utile à son nouveau maître. De son côté, celui-ci lui
apprit à manier le ciseau et le rabot; et en peu de
temps, elle devint assez habile pour faire des hor-
loges en bois. Elle eut encore le bonheur de trouver, en cette ville, un directeur expérimenté dans
les voies de Dieu, lequel la confirma dans la résolution qu'elle avait prise. L'ayant perdu au bout
d'une année, et désespérant d'en rencontrer un
autre à qui elle pût donner toute sa confiance, elle
prit le parti de retourner à Paris, dans l'espérance
d'y trouver un guide tel qu'elle le souhaitait et qu'il
le lui fallait. Depuis onze ans qu'elle avait quitté le
lieu de sa naissance, elle se croyait assez oubliée
pour ne courir aucun risque d'être reconnue. Elle
reprit donc le chemin de la capitale, à pied, et en
demandant l'aumône; car elle avait en soin, avant

de quitter Auxerre, de distribuer aux pauvres tout l'argent qu'elle avait gagné, sans en rien réserver pour elle.

Dès qu'elle fut à Paris, elle se mit au nombre des pauvres qui implorent la charité des fidèles aux portes des Eglises. Chaque matin elle quêtait ce qui lui était nécessaire pour vivre ce jour là ; et quelques pièces de monnaie suffisaient à ce nécessaire qu'elle resserrait dans les bornes les plus étroites. Le reste du temps elle le passait en prières dans les églises, d'où elle ne sortait qu'aux approches de la nuit. Un jour qu'elle demandait l'aumône, selon sa coutume, à la porte d'une église, la Providence voulut qu'elle s'adressât à une Demoiselle fort pieuse et fort charitable, qui exerçait les fonctions de Maîtresse de pension à Château-Fort, et qui était dirigée par un saint Religieux nommé le P. de Bray. Au premier aspect de cette jeune et modeste mendiante, la vertueuse institutrice se sentit attendrie, et crut voir dans cette inconnue quelque chose qui ne s'accordait pas avec cet état de mendiante. Elle se hasarda de lui faire quelques questions, et lui demanda si c'était pour cause d'infirmité qu'elle était réduite à implorer ainsi la charité publique. Jeanne-Marguerite ne répondit autre chose sinon qu'elle croyait faire la sainte volonté de Dieu, en agissant comme elle le faisait. Cette réponse ne fit qu'augmenter l'intérêt qu'éprouvait déjà la pieuse Demoiselle en faveur de celle qui avait sollicité son secours. Elle lui dit que dans l'état de faiblesse où elle la voyait, l'air de la campagne lui ferait du bien, et lui proposa de l'emmener à Château-Fort. Elle lui parla du P. de Bray dont le nom et le mérite étaient fort connus dans Paris. C'en fut assez pour déterminer Jeanne-Marguerite à suivre une personne dont les sentiments s'accordaient si bien avec les siens.

Dès que le P. de Bray l'eut connue, il la regarda comme un de ces prodiges que la grâce forme de temps en temps, pour confondre le monde. Il s'appliqua à seconder les desseins du ciel sur cette ame privilégiée. Elle de son côté, croyant avoir rencontré un guide tel qu'elle le souhaitait depuis longtemps, ne mit aucune borne à la confiance qu'elle lui accorda. On peut présumer qu'elle lui révéla les secrets les plus intimes de sa vie, celui même de son nom et de sa famille ; mais ce secret resta comme tous les autres enseveli dans le cœur du saint et sage Directeur. On ne sait pas combien de temps elle resta à Château-Fort ; mais ce qu'il y a de certain, c'est qu'elle continua toujours depuis à correspondre avec l'homme de Dieu ; et cette correspondance ne finit que, quand elle sut que ce vertueux Directeur n'était plus de ce monde.

Attirée plus que jamais par l'esprit de Dieu, elle quitta Château-Fort, pour aller chercher une solitude ignorée de tous les hommes. Elle fut environ deux ans, sans pouvoir trouver ce qu'elle désirait. Elle parcourut diverses provinces, toujours cherchant un asyle inaccessible à tout regard humain. Enfin elle arriva aux Pyrénées, montagnes fort connues qui séparent l'Espagne de la France. Elle se fixa dans un réduit sauvage qu'elle nomme dans ses lettres *la Solitude des rochers.* C'était un petit espace de forme pentagone, environné de cinq rochers qui formaient une espèce de croix et qui en rendaient le centre non tout-à-fait inaccessible, mais presque comme invisible. Ce fut là que cette fille héroïque, que nous nommerons désormais *la Solitaire des Pyrénées*, établit sa demeure à l'âge d'environ quarante-cinq ans. Du pied de l'un de ces rochers, plus élevé que les autres, sortait une source d'une très-bonne eau; et le sommet formait une espèce d'observatoire d'où elle pouvait découvrir les curieux qui auraient voulu approcher de sa demeure. Il y avait au bas de ces rochers, trois grottes dont l'une était un souterrain tortueux et profond; elle en fit sa cellule; les deux autres lui tenaient lieu d'oratoires. Cette solitude était éloignée d'une grande demi-lieue de tout chemin, et de plus, environnée d'une épaisse forêt, ou plutôt d'un taillis si fourré, que pour le traverser, il fallait se traîner long-temps sous les ronces et les épines, par un sentier qui ne semblait praticable qu'aux animaux sauvages. L'intrépide Solitaire n'y rencontra cependant point de bêtes féroces, si ce n'est un ours qui eut plus peur qu'elle, et s'enfuit. Elle y trouva des arbrisseaux qui portaient des fruits assez ressemblants, pour le goût et la couleur, aux prunes de Damas violet. Les rochers étaient d'ailleurs couverts de néfliers dont les fruits étaient fort gros et fort bons. Le froid y était supportable au cœur même de l'hiver : et la chaleur de l'été s'y trouvait tempérée par la fraîcheur des rochers et des bois qui les environnaient. C'est elle-même qui a donné tous ces détails et ceux qui suivent, dans les lettres qu'elle écrivit à son saint Directeur le P. de Bray.

Ce fut là que cette fervente épouse de Jésus-Christ, entièrement affranchie de la captivité du monde, commença à mener une vie plus angélique qu'humaine. Elle regardait la terre à-peu-près comme les Bienheureux l'envisagent du haut du ciel; tous les mouvements de son cœur étaient pour son Dieu. Les besoins de la nature ne la distrayaient point. Jusqu'à ce qu'elle se fût accoutumée à se passer de pain, elle allait deux fois la semaine demander l'aumône dans le voisinage. Elle ne vécut plus alors que de racines et de fruits sauvages qui naissaient dans les environs de sa solitude.

Elle éprouva plus d'embarras en ce qui tient aux besoins spirituels. Ne voulant pas se faire connaître, elle fut obligée d'user de mille précautions pour ne pas se priver de la consolation de participer à nos divins mystères ; cette privation eût été pour elle la plus cruelle de toutes. Mais la Providence lui avait ménagé encore une ressource. A peu de distance de la forêt, il y avait deux Monastères, l'un d'hommes, l'autre de femmes. C'était là qu'elle allait entendre la sainte Messe et recevoir la divine Eucharistie. Afin de ne pas se faire remarquer, elle allait tantôt dans l'église des Religieux, tantôt dans celle des Religieuses. Pour la confession, elle s'adressait à un bon Curé des environs, qui se contentait d'entendre ce qu'elle avait à dire et ne lui demandait rien de plus. Elle s'était prescrit une règle de vie qu'elle suivait ponctuellement. Ainsi elle se levait à cinq heures en toute saison, restait en prières jusqu'à six, récitait prime ; après quoi, si elle n'allait pas à la Messe, elle l'entendait en esprit ; puis lisait quelques chapitres de la sainte Ecriture. Ces exercices duraient jusqu'à huit heures. Elle donnait ensuite environ deux heures au travail des mains, et les employait soit à l'entretien de ses vêtements, soit à la menuiserie ou à la sculpture, soit à la culture d'un petit jardin qu'elle s'était fait, dans le contour de son habitation. A dix heures, elle récitait tierce, sexte, none ; puis prosternée aux pieds de son crucifix, elle entrait dans le fond de son intérieur, examinant ses moindres négligences, ses intentions, ses progrès dans les voies de Dieu, avec toute

la sévérité qu'on pouvait attendre d'une ame si pure.
Elle s'imposait des pénitences, selon la grièveté et
le nombre de ses manquements. Ces exercices duraient environ deux heures. A midi elle prenait sa
chétive réfection, qui était le seul repas de la journée, puis une sorte de récréation qui consistait,
quand il faisait beau, à monter sur les rochers; là,
elle contemplait la grandeur de Dieu dans ses ouvrages, célébrait et bénissait ses infinies perfections
dans de pieux cantiques qu'elle savait par cœur ou
que l'amour divin lui inspirait. Au retour de sa
promenade, elle fesait sa lecture spirituelle, ordinairement dans l'imitation de Jésus-Christ; cette
lecture était suivie d'une prière affectueuse où elle
exposait à Dieu les besoins de son ame, sans lui
rien demander que l'accomplissement de son bon
plaisir. Puis elle reprenait le travail des mains
jusqu'à quatre heures du soir; alors, elle disait
vêpres et le rosaire en entier, accompagné ou suivi
de pieuses considérations. Cet exercice la conduisait jusqu'à huit heures, temps où elle allait faire
ses stations au pied d'un calvaire qu'elle avait
érigé elle-même, et accomplir les pénitences et les
mortifications qu'elle s'était imposées. A neuf heures
elle se retirait dans sa cellule que son Directeur
l'avait obligée de boiser, à cause de l'humidité.
Après un court examen de sa conscience et quelques
prières vocales, elle prenait son repos jusqu'à onze

heures. Elle se relevait alors pour réciter matines, qu'elle savait par cœur, et pour faire oraison jusqu'à deux heures; elle se recouchait ensuite jusqu'à cinq heures. Pour régler ainsi la distribution de son temps, elle s'était fait une horloge dont le timbre même était de bois. On peut juger par là quelle était son habileté dans les ouvrages manuels.

Elle fit divers autres ouvrages qui furent admirés des Connaisseurs, entre autres un Crucifix en bois de cormier, tout d'une pièce, qu'elle adressa au P. de Bray, et dont MADAME DE MAINTENON hérita comme d'une précieuse relique. Outre le crucifix dont nous venons de parler, elle en avait sculpté trois autres, dont un petit de six pouces qu'elle portait habituellement sur sa poitrine, caché sous ses vêtements; un autre de trois pieds de haut qu'elle avait placé dans sa cellule; et un troisième de la hauteur de six pieds, fait du bois d'un tilleul que le tonnerre avait abattu dans la forêt; ce dernier, elle l'avait élevé sur le plus haut de l'un de ses rochers, en forme de Calvaire.

Elle se servait, pour ses commissions auprès de son saint Directeur de Château-Fort, d'un voiturier qui, à certaines époques, faisait le voyage de Paris. C'était un homme simple et sûr, qui portait et rapportait fidèlement les lettres, avec quelque peu d'argent que l'homme de Dieu avait l'attention de lui envoyer de temps en temps, et dont elle se servait pour se procurer les choses indispensablement nécessaires, tels que les outils qui servaient à diversifier ses occupations, des aiguilles, du fil, de la laine, quelques morceaux de toile ou d'étoffe pour entretenir ses vêtements, bien simples, mais toujours propres, surtout quand elle paraissait à l'église.

On ne sera pas fâché, sans doute, de voir un inventaire de son petit mobilier ; le voici tel qu'elle l'a dressé et envoyé à son guide spirituel : Un bréviaire romain qu'elle avait coutume de réciter et qu'elle entendait, ayant appris le latin dans son jeune âge ; une bible ; une imitation de Jésus-Christ ; un abrégé de la vie des Saints ; un petit livre intitulé Horloge du cœur ; quelques feuilles sur la dévotion au très-saint Sacrement ; telle était sa bibliothèque. Voici de quoi était composé son atelier : Un petit et un grand couteau ; le grand lui servait de serpe ; deux ciseaux, deux gouges, deux vilbrequins, une tarrière, deux rabots, une scie, un marteau et un établi. Pour son usage personnel : Quelques cents d'épingles, des aiguilles, du fil gris et blanc, une paire de ciseaux et un dé à coudre, en cuivre ; deux écuelles et un gobelet, le tout en bois ; une haire, un cilice et deux disciplines.

Voici sa garde-robe : Sept chemises de toile blanche, qu'elle ne mettait que pour sortir, deux chemises de grosse toile grise et une de serge écrue ; deux jupes, deux corsets, un manteau ; deux coiffes de taffetas noir, six coiffes blanches ; six grandes cornettes, une paire de gants, deux paires de bas gris, deux paires de souliers, cinq bonnets, dont trois de toile, un de serge et un autre de cuir ; elle ne portait que celui-ci dans sa solitude, et y marchait toujours nu-pieds : un fichu noir, six mouchoirs de toile ; un scapulaire du tiers-ordre de St-.François, dont elle était, avec une guimpe et un voile ; quelques aunes de passement pour nouer ses cheveux qui étaient fort longs ; deux peignes et un petit miroir, pour s'arranger quand elle était obligée de sortir. Voilà tout ce qu'elle possédait en ce monde, ou plutôt voilà ce qu'elle ne possédait même pas ; car elle ne tenait pas plus à ce petit avoir, qu'aux grands biens qu'elle avait quittés et qu'elle regardait *comme du fumier,* selon l'expression du grand apôtre. Ce détail de son mobilier où elle relate jusqu'au *nombre de ses épingles, jusqu'à un bout de fil,* paraîtra peut-être minutieux à certaines personnes. C'est une preuve qu'elles ne connaissent guère l'esprit de Jésus-Christ, et qu'elles n'entendent pas en quoi consiste la perfection évangélique.

Cette sainte héroïne, au milieu de ses rochers, ignorée de toute la terre, se trouvait mille fois plus heureuse que les Riches du siècle dans leurs salons dorés, dans leurs festins somptueux. Elle goûtait des délices que les ames charnelles ne comprendront jamais..... Sa confiance en Dieu était tout son appui. Sûre de la protection divine, elle reposait plus paisiblement dans sa pauvre grotte, que le plus puissant Monarque au milieu de ses Gardes. Elle n'avait qu'une frayeur, c'était d'être découverte dans le lieu de sa retraite. Cette frayeur ne fut pas vaine : l'air de sainteté qui éclatait sur son visage et dans son extérieur, ses diverses apparitions dans les églises du voisinage, où elle ne se montrait que dans l'attitude et la ferveur plutôt d'un séraphin, que d'une mortelle ; tout cela ne pouvait manquer d'exciter la curiosité. On s'imagina d'abord qu'elle était une étrangère que le malheur avait forcé de quitter son pays : puis on la prit, les uns pour une servante très-pieuse de quelque château voisin, d'autres pour une Tourrière de religieuses. Les plus curieux se mirent à l'épier. Comme elle allait toujours par des chemins détournés et qu'elle prenait tantôt l'un, tantôt l'autre, elle échappa longtemps à cet espionnage ; enfin, tant de gens s'en mêlèrent qu'on parvint à découvrir, sinon sa demeure, du moins les rochers qui l'environnaient. C'en fut assez pour la déterminer à chercher une autre solitude.

Poussée, dit-elle dans une de ses lettres, par une force irrésistible, elle se transporta à vingt lieues de là, toujours dans les Pyrénées, en s'approchant davantage de l'Espagne. Elle avait habité quatre ans dans *la Solitude des Rochers ;* elle en passa trois autres dans celle qu'elle nomma l'*Abîme des Ruisseaux.* Tout son contour annonçait en effet une espèce d'abîme et un lieu sinistre : ce n'étaient que rochers et cavernes, qui servaient de retraites à quantité d'animaux sauvages, d'énormes serpents, de lézards monstrueux. Ces bêtes féroces, ces affreux reptiles inspiraient la terreur aux gens des environs, et personne n'osait approcher de leur dangereuse habitation. Toutefois, qnand, plutôt en grimpant, qu'en marchant, on avait franchi cette enceinte de rochers, on se trouvait dans un petit vallon émaillé de fleurs, entrecoupé de ruisseaux que formaient diverses sources d'eau vive qui coulaient des montagnes ; on y voyait aussi plusieurs sortes de fruits de fort bon goût, et quantité de miel sauvage que la solitaire assurait être excellent. Ce séjour eût été préférable à celui des rochers, sans la présence des animaux qui y avaient fixé leur demeure. Mais Jeanne-Marguerite comptait sur l'assistance du Seigneur, qui a promis de donner à ses serviteurs le pouvoir de *marcher sur les serpents et les scorpions, et d'enchaîner la gueule des lions.* Comme la force de son courage égalait la vivacité de sa foi, elle ne fut pas plus troublée dans l'*Abîme des Ruisseaux* qu'elle ne l'avait été dans *la Solitude des Rochers,* et jamais ces animaux ne lui causèrent ni mal ni frayeur. Cent fois elle passa à côté d'eux, cent fois elle parut à l'entrée de leurs cavernes ; jamais ils ne se montrèrent hostiles envers elle ; au contraire, on eût dit qu'ils la respectaient, elle et ce qui lui appartenait. Ils n'approchaient point de son domicile ; ils épargnèrent même un écureuil qu'elle avait trouvé dans ces lieux sauvages, et qui faisait sa société.

Elle trouva aussi, comme au voisinage de sa première solitude, un couvent de religieux, mais à une distance plus considérable, car elle avait trois lieues et demie à faire pour s'y rendre, et toujours par des bois très-touffus. Cette distance, qui eût rebuté le pénitent le plus intrépide, n'effraya point le courage de cet ange terrestre. Ce fut dans le monastère même qu'elle chercha un confesseur ; elle s'adressa au supérieur qui la reçut avec beaucoup de charité : la regardant comme une pauvre fille de la campagne, il ne lui fit point de questions étrangères à la vie champêtre qu'elle paraissait mener. Pour le saint sacrifice, il y avait encore à une lieue et demie, de l'autre côté de la forêt, un ermitage de St.-Antoine ; c'était là que d'ordinaire elle allait entendre la sainte Messe et faire ses dévotions.

Une fois fixée en cet endroit, notre solitaire reprit paisiblement le cours de ses exercices accoutumés : elle s'arrangea deux cellules dans le creux de deux rochers voisins l'un de l'autre, et elle forma, dans l'intervalle qui les séparait, une petite chapelle qu'elle se plaisait à orner de verdure et de fleurs champêtres. La prière et le travail continuèrent à partager son temps : les ravissements, les extases devinrent, en cet endroit, encore plus fréquents et plus sublimes. Du reste, sa grande humilité la tenait en garde contre ces faveurs extraordinaires, et elle avait besoin d'être rassurée par son saint Directeur, avec qui elle continua à correspondre et à qui elle découvrit, jusqu'à la fin, tous les secrets de son ame avec la simplicité d'un enfant. Sa dernière lettre est du 17 septembre 1699. Elle témoignait un désir extrême d'aller à Rome dans le cours de l'année suivante, afin de gagner l'indulgence du jubilé. Elle soumettait néanmoins son désir à la décision de celui qu'elle regardait comme l'interprète des volontés du ciel à son égard. N'ayant reçu aucune réponse, elle soupçonna que l'homme de Dieu n'était plus; en effet, le P. de Bray était mort cette année là. Elle se crut libre de partir, et partit en effet pour la ville sainte. Depuis cette époque, il a été impossible de recueillir aucun renseignement sur la suite de sa vie. Il est probable qu'elle aura terminé le pieux pélerinage qui lui tenait tant à cœur... A-t-elle survécu à ce long et pénible voyage? elle avait alors cinquante et un ans. Sera-t-elle morte à Rome, ou bien a-t-elle laissé sa dépouille mortelle dans quelque solitude?

ce sont des secrets qu'il n'a pas plû à la divine Providence de nous faire connaître. Ce qu'il y a de certain, c'est que le Seigneur n'a pas permis, jusqu'ici, qu'on ait découvert le lieu de sa sépulture, malgré toutes les recherches qui ont été faites. Le ciel a voulu, ce semble, seconder jusqu'à la fin les vœux de cette ame céleste, qui n'a soupiré qu'après l'abjection. Le tombeau, qui devient souvent la gloire des amis de Dieu, n'a fait que mettre le sceau à l'obscurité dans laquelle cette humble servante a voulu rester ensevelie. Ce ne sera qu'au grand jour de la manifestation des consciences que ce trésor, dont le monde n'était pas digne, sera révélé à la face de l'univers (*).

En lisant ce récit, dont il est impossible de contester l'authenticité, à moins de vouloir démentir tous les faits historiques, on se croit transporté aux premiers siècles du christianisme, où l'esprit de Dieu n'opérait que des merveilles. Mais quand on fait réflexion que ce prodige de sainteté a paru, ainsi que nous l'avons fait observer, dans un temps si voisin du siècle où nous vivons, quand on pense que c'est à Paris, cette nouvelle Babylone, que le Seigneur s'est choisi une si fidèle, une si héroïque ser-

---

(*) Tiré de l'*Histoire de l'Eglise*, par Bérault de Bercastel, liv. 80ᵉ.

vante ; que c'est au sein de la mollesse et des grandeurs qu'il a été prendre une tendre vierge, pour en faire l'émule des Arsène, des Hilarion, des Pacôme. Qui ne reconnaîtra, qui n'exaltera la main du Très-Haut toujours également puissante, également admirable dans les moyens qu'elle emploie pour la sanctification de ses élus ? Comment ne pas bénir cette Eglise romaine qui ne vieillit pas, que la succession des siècles n'altère point, qui ne perd rien de sa sainteté ni de sa fécondité, à mesure que les générations s'avancent vers la fin des temps ?

Qu'il en est bien autrement de toutes les sectes séparées de la chaire de Pierre ! Elles sont frappées d'une stérilité patente à tous les regards... Demandez-leur des fruits de révolte, de cruauté, d'épicurisme, d'incontinence ; elles vous en fourniront tant que vous voudrez et plus que vous ne voudrez. Il peut se rencontrer encore dans ces églises bâtardes des exemples de candeur, d'innocence, de modestie ; mais qu'on ne s'y trompe pas, ces vertus leur sont aussi étrangères que le lierre, qui serpente autour d'un tronc desséché, est étranger au bois vermoulu qui le soutient. Elles proviennent ces vertus, du bon naturel, de l'heureux caractère des individus. Voilà le terrain où elles ont pris naissance, et où elles trouvent la sève qui les nourrit ; mais elles ne doivent rien à l'influence de ces sociétés hétérodoxes qui s'en glorifient. Non, non, ces

ces sectes retranchées du corps mystique de Jésus-Christ, ne sont plus que des cadavres en pu-
tréfaction : leur attribuer quelque puissance pour la
réforme des consciences, quelque vertu salutaire
pour le bien des ames, c'est prétendre que la mort
peut donner la vie !

Au reste, notre intention n'est pas de leur faire
ici le procès, en mettant sous les yeux de nos lecteurs, à la suite de la Vie de sainte Ulphe, les actions admirables de quelques humbles Servantes de
Jésus-Christ qui ont illustré son Eglise, dans tous
les siècles, par les vertus les plus sublimes et les
plus opposées aux penchants de notre nature corrompue, nous avons simplement voulu prouver que
cette sainte Epouse du Sauveur est la même dans
tous les temps ; qu'elle est toujours nouvelle et toujours féconde ; nous croyons avoir atteint notre but.

A. M. D. G.

VIE DE SAINTE ULPHE.

SECONDE PARTIE.

DÉVOTION A SAINTE ULPHE.

SECONDE PARTIE.

DÉVOTION A SAINTE ULPHE.

AVERTISSEMENT.

Le but que nous nous sommes proposé, en publiant cette nouvelle vie de sainte Ulphe, a été non-seulement de la faire mieux connaître, mais aussi de ranimer la confiance en son intercession. Ce but ne serait sans doute pas atteint, si la piété des fidèles ne trouvait quelques exercices de dévotion en l'honneur de cette sainte Epouse de Jésus-Christ. C'est ce qui nous a engagés à ajouter au récit historique de sa vie cette seconde partie qui renfermera diverses pratiques de piété envers cette glorieuse Vierge. A la tête de ces pratiques, nous avons placé une neuvaine en son honneur; à la suite de la neuvaine, on trouvera l'office pour le jour de sa fête, puis un petit office, des litanies et diverses prières également en l'honneur de cette Sainte et de saint Domice.

Cette neuvaine peut se faire en tout temps. L'époque la plus convenable serait du 22 au 31 janvier, jour de la fête de sainte Ulphe, ou du 7 au 16 mai, jour anniversaire de la translation de ses reliques.

Les neuvaines se commencent d'ordinaire la veille au soir; ainsi le premier exercice se ferait le soir du 21 janvier ou du 6 mai. Toutes les fois qu'on fait une neuvaine, on doit avoir en vue l'impétration de quelque grâce particulière. Ainsi on peut faire celle que nous proposons, pour obtenir soit l'esprit de pénitence, soit la victoire d'un défaut ou d'une passion, soit la connaissance de sa vocation, mais surtout la grâce d'une bonne mort... On peut encore demander quelque faveur spirituelle ou temporelle pour soi ou pour d'autres, comme la conversion ou la guérison d'une personne qui nous est chère.

Quant aux pratiques, chacun consulte sa dévotion et le temps dont il peut disposer.

Nous nous contentons d'en indiquer quelques-unes: 1º faire attentivement la lecture de la considération assignée à chacun des jours de la neuvaine, et, si on le peut, donner quelque temps à la méditation; 2º assister au saint Sacrifice de la Messe, chaque jour de la neuvaine; 3º réciter le petit office ou les litanies de la Sainte, ou cinq *Pater* et cinq *Ave;* 4º terminer la neuvaine par une fervente communion.

NEUVAINE

EN L'HONNEUR DE SAINTE ULPHE.

PREMIER JOUR.

Foi de sainte Ulphe. — Ce que la foi lui découvre.

La foi, dit l'apôtre saint Paul, *est le témoignage certain des choses qui ne tombent pas sous nos sens.* (Hébreux, ch. II.) C'est un flambeau qui rend visible ce qui est invisible. Considérons ce que sainte Ulphe a découvert à l'aide de cette divine lumière :

1° Elle a vu qu'elle n'était au monde que pour connaître, aimer et servir Dieu ! Que c'était là non-seulement sa première, mais son unique fin, son unique obligation : qu'elle appartenait à Dieu bien plus qu'un ouvrage n'appartient à l'ouvrier qui l'a fait, bien autrement qu'une maison, une vigne n'appartient à celui qui en est propriétaire... Ayant tout reçu de Dieu, elle en concluait qu'elle lui devait rendre hommage des facultés de son corps et de son âme; qu'étant toujours de Dieu elle devait être toujours à Dieu; qu'elle ne pouvait disposer à son gré d'aucun âge, d'aucun temps, d'aucune époque de sa vie;

9*

qu'il ne lui était même pas libre de ravir au Seigneur un seul jour, une seule heure : « Car, se disait-
» elle, il m'a tout donné, à condition que je lui
» rendrais tout;... que je rapporterais tout à sa
» gloire..... Quand la foi ne me découvrirait pas
» toutes ces vérités, la raison me les rendrait évi-
» dentes. Il est donc plus nécessaire que je serve
» Dieu et que je me sauve en le servant, qu'il est
» nécessaire que le soleil m'éclaire, que le feu me
» chauffe, que le pain me nourrisse, que l'eau me
» désaltère. Il pourrait, ce grand Dieu, dépouiller
» ces diverses créatures de leurs propriétés natu-
» relles; il pourrait ôter au feu sa chaleur, au so-
» leil sa clarté, mais jamais il n'a pu me dispenser
» et jamais il ne me dispensera de l'obligation de
» l'aimer et de le servir... Je puis bien, abusant de
» la liberté qu'il m'a donnée, agir comme si cette
» obligation n'existait pas ; mais alors que ferais-
» je? je frustrerais Dieu de ses droits sur moi? j'usur-
» perais ce qui lui appartient... Ma conduite serait
» un désordre plus choquant aux yeux du souverain
» Maître, que si l'astre du jour refusait d'éclairer
» la terre, que si le pain se changeait en un aliment
» pernicieux ». Ce sont ces principes bien connus
et bien médités, qui ont été le fondement de la perfection de sainte Ulphe.

2° Elle a compris qu'elle ne pouvait s'attacher à
tout ce que le monde estime et recherche, à tout ce

qu'il appelle biens, propriétés, honneurs, qu'autant que tout cela la conduirait plus sûrement à sa fin, qu'autant que ces avantages de la fortune, de la naissance l'aideraient à mieux servir Dieu et à opérer son salut. L'exemple des autres aurait pu l'entraîner du côté des plaisirs et des grandeurs ; mais la foi lui tenait un autre langage : elle lui rappelait ces paroles du Sauveur : *Malheur à vous riches ! Malheur à vous qui avez votre contentement en ce monde.* Et pourquoi donc, se demandait-elle, le Seigneur a-t-il lancé cet anathème contre les riches, contre les heureux du siècle? Serait-ce que les richesses sont mauvaises en elles-mêmes ? Non sans doute; mais c'est qu'il y a danger d'en abuser, danger de s'en servir pour satisfaire ses goûts, ses penchants, et par suite danger d'oublier Dieu et de se perdre; danger de s'attacher à ces faux biens et d'en devenir l'esclave...S'il en est ainsi, disait notre Sainte, je dois les regarder comme des pièges, je dois les redouter. Il est donc évident que les faveurs du monde, ses distinctions, loin d'être pour moi un moyen plus assuré d'arriver à ma fin, y seront plutôt un obstacle; qu'au lieu de m'aider à me sauver, elles contribueront plutôt à me perdre...... Dans une affaire de cette importance, ce serait folie, que de ne pas prendre le parti le plus certain. Mais où trouver cette assurance ? La foi me l'apprend; elle me dit qu'elle n'est pas attachée à la possession des richesses, mais bien plutôt au mépris et à la fuite de ces faux biens, puisqu'il est dit dans le Saint Evangile : *Bienheureux les pauvres d'esprit , car le royaume des cieux est à eux.* (Matth. 6.) Voilà les sages et profondes réflexions que l'esprit de foi suggérait à sainte Ulphe dès ses plus tendres années : elles furent comme le prélude de toutes les généreuses résolutions qu'elle exécuta dans la suite.

3° Elle s'est souvenu surtout qu'elle était chrétienne, qu'elle s'était engagée solennellement au service de Jésus-Christ; qu'elle avait renoncé à Satan, aux pompes et aux vanités du siècle; que plus elle ressemblerait au divin modèle de toute perfection , plus elle serait dans la voie qui mène à la vie. « Or , comment a-t-il vécu ? se demandait-elle à elle-même. Il aurait pu naître dans un palais; il a préféré une étable !.... S'il l'avait voulu, quel magnifique diadème eût orné son front ! Il n'en a pas voulu d'autre qu'une couronne d'épines!.... Durant sa vie, la pauvreté a été sa compagne inséparable, elle l'a suivi de la crèche jusque sur la croix ; il n'a vécu que dans le mépris et les souffrances. S'il y avait une voie plus sûre pour me conduire à la souveraine félicité, pas de doute qu'il ne l'eût apprise aux hommes; celle qu'il m'a enseignée par ses leçons et ses exemples , est la seule véritable : qu'ai-je besoin de délibérer ? la route est

toute tracée. Retire-toi donc, monde, avec tes promesses et tes faveurs ; garde tes fêtes, les joies, les
honneurs : je n'y prétends rien ». Elle crut qu'ayant
renoncé à toutes ces vanités sur les fonds du baptême, elle était obligée de garder ses engagements,
et que quand elle ne serait pas obligée de servir
Dieu en qualité de créature raisonnable, elle y
serait tenue en qualité de chrétienne ; que ces deux
titres réunis la rendraient doublement coupable, si
elle manquait à ce devoir, d'ailleurs si doux et si
honorable.

RÉFLEXIONS.

1° Ai-je été créé pour une autre fin que pour servir Dieu et me sauver en le servant ? La nécessité
de rapporter à Dieu tout ce qu'il m'a donné est-elle
devenue moins rigoureuse à mesure que le monde
se pervertit davantage ?

2° Les obligations du baptême sont-elles pour moi
d'une autre nature que celles qu'ont contractées
sainte Ulphe et tous les Saints et Saintes du Paradis ?
Non, sans doute. D'où vient donc que j'y fais si peu
d'attention ? D'où vient que je vis comme si ces obligations n'existaient pas pour moi ; comme si elles
ne me regardaient pas ? Si j'oublie mes promesses
et mes devoirs, le Seigneur les oubliera-t-il ?

3° Je vois le principe de ce désordre. J'ai laissé
éteindre le flambeau de la foi : voilà pourquoi je

comprends si peu mes intérêts éternels; voilà pourquoi je voudrais en mille rencontres accommoder l'évangile de Jésus-Christ avec l'évangile du monde; voilà pourquoi j'ai souvent vécu comme si je n'avais rien promis, ou comme si l'évangile n'existait pas.

PRIÈRE.

Glorieuse sainte Ulphe, vous qui avez si bien compris les vérités éternelles, daignez conjurer Notre-Seigneur-Jésus-Christ, auteur et consommateur de la foi, d'augmenter ou plutôt de renouveller en moi cette vertu. Je juge des choses selon les désirs de mon cœur, selon les idées du monde, j'estime ce qu'il estime; ses jugements sont presque toujours la règle de mes jugements; ce qui a rapport à cette vie m'occupe bien plus que ce qui a rapport à mon éternité... Je marche donc à peu près comme un aveugle... Que deviendrais-je, si j'avais le malheur de persévérer dans ce funeste état ! J'implore votre intercession, obtenez-moi la vraie lumière sans laquelle je ne puis trouver le chemin qui mène à la vie bienheureuse. Ainsi soit-il.

RÉSOLUTIONS PRATIQUES.

Me demander souvent : Pourquoi suis-je au monde ! Quand j'aurai quelque parti à prendre, me dire : *A quoi cela me servira-t-il pour mon éternité!*

DEUXIÈME JOUR.

Esprit de foi de sainte Ulphe. — Ce que l'esprit de foi lui fait sacrifier.

=

Le juste vit de la foi, dit l'apôtre ; c'est-à-dire que le juste ne se contente pas de croire, mais qu'il opère en conséquence de ce qu'il croit : autrement sa foi ne serait qu'une foi stérile, une fois morte ; or, une foi de ce caractère n'est d'aucun prix aux yeux de Dieu. C'est donc par les œuvres que la foi se manifeste.

Parmi les bonnes œuvres, on donne le premier rang aux sacrifices faits en vue de Dieu : plus ces sacrifices sont difficiles, coûteux à la nature ; plus l'esprit de foi s'y manifeste.

Considérons ceux que sainte Ulphe a faits ; par-là nous connaîtrons la vivacité de sa foi.

1º Sacrifice des dons de la nature. On n'ignore pas combien les jeunes personnes tiennent à ce futile avantage ; on en voit même qui dans un âge avancé en sont encore les esclaves. Un léger accident qui viendrait le ravir, ou seulement y porter quelque atteinte, serait pour beaucoup d'entre elles un grand malheur ? Est-ce ainsi que pensait notre Sainte ?

L'esprit de foi qui la dirigeait, lui fit d'abord con-

cevoir un souverain mépris pour les grâces extérieures que la Providence lui avait accordées avec
une espèce de profusion : loin de s'y complaire,
c'était pour elle une peine sensible, une espèce de
tourment, de penser que ce prétendu mérite pouvait
lui obtenir quelque considération. « Ah! s'écriait-
» t-elle souvent, périsse cette misérable beauté,
» si jamais elle peut fixer les regards d'un mortel!
» Ne permettez point, Seigneur, qu'elle devienne
» jamais pour moi ou pour d'autres un sujet de ten-
» tation. Il n'est qu'une beauté que j'ambitionne;
» c'est celle qui peut me rendre agréable à vos
» yeux. » Elle ne s'en tint pas à de simples vœux;
que ne fit-elle pas pour effacer l'éclat des traits de
son visage? Elle eut d'abord recours aux prières,
aux macérations de tout genre, puis elle alla jusqu'à se déchirer avec les ongles, jusqu'à se sillon-
ner la figure. Si cela n'eût pas suffi, elle eût em-
ployé le tranchant de l'acier, afin de devenir un
objet d'horreur. Elle en a trop fait, dira-t-on peut-
être; mais peut-on trop en faire, quand il s'agit
d'assurer son salut? Soit! elle en a trop fait. Mais
en font-elles assez, ces personnes qui mettent tout
leur soin à orner un corps qui ne tend qu'à la corruption, et nourrir délicatement une chair coupable toujours prête à se révolter contre l'esprit?
en font-elles assez, celles qui, jusques dans le lieu
saint, oubliant le Dieu quon y adore, ne sont occu-

pées que de parures et de vanités? Si elles n'ont pas le courage d'imiter sainte Ulphe, qu'elles aient assez de foi pour se souvenir qu'elles sont chrétiennes, et qu'elles ont renoncé à toutes les pompes de Satan; qu'elles se souviennent au moins du compte qu'il leur faudra rendre tôt ou tard de tous les péchés qu'elles auront commis et de ceux dont elles auront été la cause !

2°. Sacrifice des biens de la fortune. Le premier effet de l'esprit de foi, c'est de mépriser les richesses; le second, de les craindre; le troisième, de s'en dépouiller : c'est ce qu'il a opéré dans notre Sainte. Ce n'est pas assez pour elle d'en avoir connu le néant et le danger, d'en avoir tout à fait détaché son cœur ; elle s'est déterminée à tout quitter et à embrasser la pauvreté de Jésus-Christ dans toute sa rigueur. Mais comment exécuter ce généreux dessein en restant dans la maison paternelle? Elle pourra bien y être pauvre d'esprit; mais ce n'est pas là qu'elle veut s'arrêter; il lui faut un dénûment réel et effectif... il lui faut la pauvreté de la crèche; et ce n'est qu'en abandonnant tout, en fuyant dans quelque contrée lointaine, qu'elle se trouvera conforme à son Sauveur qui n'avait pas même une pierre pour y reposer sa tête. Cette résolution qui a rendu si célèbres les Hilarion, les Antoine, les Arsène, et qui ne demande rien moins qu'un courage héroïque, n'effraie pas une jeune vierge élevée délica-

tement. Qui ne reconnaîtra ici le doigt de Dieu?...
Voilà un cœur plus avide de la pauvreté, que les
autres ne sont affamés de richesses, plus jaloux de
ne rien avoir, que tant d'autres ne le sont de tout
envahir. Que son exemple serve au moins à éteindre
en nous cet esprit d'intérêt et de cupidité qui tra-
vaille presque tous les hommes, et dont ne sont pas
toujours exemptes des ames qui font profession de
l'être!... Ne croyons pas que cet amour désordonné
de l'argent ne se rencontre que dans les riches. Il
est quelquefois aussi vif et peut être plus ardent
dans ceux qui n'ont rien. On peut être possédé de
l'envie d'avoir et être pauvre. C'est là ce qui arrive
à ces pauvres qui convoitent ce qu'ils n'ont pas,
qui ne se contentent pas dans leur état. En quelqu'état que nous soyons, n'oublions jamais que
nous sommes disciples d'un Dieu qui est né pauvre,
qui a vécu pauvre et qui est mort pauvre ; ayons
le cœur détaché des biens périssables de cette vie,
source de tant de maux et de tant de crimes.

5° Sacrifice de ses parents et de ses proches. De
tous les sacrifices, on ne saurait nier que ce ne soit
là le plus difficile. Il en coûte bien moins pour se
dépouiller de ses biens que pour briser les liens du
sang, et pour triompher de cette affection naturelle
que nous avons pour nos proches. Notre Sainte
ajoute ce sacrifice à tous les autres : elle abandonne
une famille dont elle faisait la joie et l'espérance :

car, selon certains auteurs de sa vie, elle était fille unique : elle s'arrache aux tendresses d'un père, d'une mère, elle sait dans quelle désolation son éloignement va les plonger, son cœur est déchiré de cette cruelle séparation ; mais elle a compris que Dieu veut ce sacrifice : sa foi lui donne l'assurance que *quiconque aura quitté son père, sa mère, ses frères, ses sœurs, et ses biens, recevra le centuple en ce monde et la vie éternelle en l'autre.* La nature a beau réclamer, la nature n'est pas écoutée. Point de doute qu'une telle conduite n'ait été traitée de folie, d'extravagance par les Sages du siècle : car la prudence du siècle ne connaît guère les voies du Seigneur ; mais l'esprit de Dieu qui l'éclaire et la fortifie, la fait triompher de tout. Elle eût voulu bannir de son cœur jusqu'au souvenir de ceux qu'elle a connus : elle n'a plus d'autre patrie que le ciel ; Jésus-Christ lui tient lieu de tout, de père, de mère, de sœurs, d'amies. Ce sacrifice une fois fait, elle ne le rétractera jamais ; puisque jamais elle ne parlera de sa famille, jamais elle n'en recevra de nouvelles, encore moins lui en donnera-t-elle des siennes, et que dans la crainte d'être tôt ou tard trahie, elle cachera constamment son origine et sa famille. Voilà ce que l'esprit de foi opéra dans sainte Ulphe.

RÉFLEXIONS.

1° A la vue de cette générosité inspirée par l'esprit de foi que penser de ma lâcheté dans le service de Dieu ?

2° L'exemple de sainte Ulphe me confond ; elle sacrifie non-seulement les biens dont elle aurait pu redouter la possession, mais elle a immolé ce qu'elle aurait pu aimer légitimement et sans péril, et moi je n'ai pas le courage de m'arracher à des attachements dont je connais tout le danger.

3° Ma foi est donc une foi morte, ou du moins une foi bien languissante, puisqu'elle n'opère rien ou presque rien en moi.

PRIÈRE.

Illustre Vierge, vous que l'esprit de foi a rendue si docile aux inspirations du ciel et si courageuse pour les exécuter, demandez pour moi une foi pratique. Que me servirait de croire, si je ne vivais conformément à ma foi ? Je n'en serais que plus condamnable devant Dieu. Obtenez-moi donc la grâce d'immoler tout ce qui s'oppose au règne de Dieu dans mon ame. Cent fois j'ai promis de mieux vivre, et toujours je me suis retrouvé avec les mêmes défauts et les mêmes habitudes, parce qu'il y a en moi une passion favorite, un vice dominant que j'ai toujours épargné. Apprenez-moi à le combattre et à le détruire : ce sera une preuve que l'esprit de foi commence à régner dans mon cœur ; c'est la faveur que j'attends de votre puissante intercession. Ainsi soit-il.

RÉSOLUTIONS PRATIQUES.

En toutes choses, je m'efforcerai de régler ma conduite sur les maximes de l'Evangile.

TROISIÈME JOUR.

Confiance de sainte Ulphe en Dieu, et son abandon à la divine Providence.

Rien ne nous est tant recommandé que la confiance en Dieu : « *O vous qui craignez le Seigneur,* dit le sage, *espérez en lui* (Eccl.), *jetez toutes vos inquiétudes dans le Seigneur et il pourvoira à tous vos besoins* (Ps. 54). » Point de vertu qui honore davantage le Seigneur et dont il soit plus jaloux : point de vertu aussi qui nous donne plus de droits à son secours ; il ne peut rien refuser à celui qui met en lui sa confiance. Mais il ne se contente pas d'une confiance faible, chancelante, incertaine, partagée, il faut qu'elle soit entière, constante et inébranlable. Telle a été la confiance de sainte Ulphe.

1° Confiance entière, sans partage et sans bornes. Elle a entendu la voix intérieure qui a répété ce qui fut dit autrefois à Abraham : « *Sors de la maison de ton père, viens dans une terre que je t'indiquerai.*» Elle obéit sans hésiter : la voilà qui se met en route sans provisions, sans guide, sans savoir même où elle trouvera l'asile qu'elle cherche, ni comment elle y pourra subsister. Les fatigues de la route ne l'arrêtent pas, les dangers ne l'épouvantent pas; tout lui manque. C'est précisément ce qui fait le motif de sa confiance; elle se réjouit de ce dénûment absolu. Si elle avait eu quelque ressource assurée de la part des hommes, si elle avait pu au moins compter sur des amies, des connaissances qui l'eussent secourue au temps du besoin, elle eût été moins obligée de s'abandonner à la divine Providence, et la Providence elle-même moins obligée de la protéger. Mais n'ayant et ne voulant avoir que Dieu pour appui, il lui est impossible de douter de l'assistance du Très-Haut. *Le Seigneur*, dit-elle avec David, *le Seigneur s'est chargé de ma conduite; rien ne me manquera; et quand je marcherais au milieu des ombres de la mort, je ne craindrais aucun accident, parce que vous êtes avec moi, ô le Dieu de mon espérance.* (Ps. 22.) *Je ne craindrais ni les assauts du démon du midi, ni les poursuites de l'ennemi qui rôde dans les ténèbres.* (Ps. 90.) *Vous me servirez de soulagement dans les fatigues, de rafraîchissement dans les* chaleurs, d'abri contre les pluies et les frimats, de soutien dans les pas glissants. Sainte Ulphe se regardait dans le sein de la Providence, comme un enfant sur le sein maternel. Sa confiance était toute entière en Dieu et en Dieu seul, comme l'assurance de l'enfant est en celle à qui il doit le jour ; avec cette différence que le pouvoir d'une mère n'est pas proportionné à sa tendresse, au lieu qu'en Dieu la puissance et la bonne volonté sont également infinies. Ce qui met des bornes à l'une et à l'autre, ce sont celles que nous mettons à notre confiance : la mesure de notre confiance règle, pour ainsi dire, l'étendue de l'assistance divine. Nous obtenons peu, parce que souvent nous n'avons qu'une confiance étroite, partagée, qui ne se montre même qu'au défaut de toute autre ressource. Est-il rare d'entendre dire : *il ne me reste que le Seigneur ?* Vous avez commencé par les hommes, et c'est parce que ces bras de chair vous ont manqué, que vous recourez au Tout-Puissant. Ne doit-il pas se trouver bien honoré d'une telle confiance ! Etonnez-vous après cela de ne pas être exaucé. Vous devriez plutôt vous étonner s'il arrivait que vos vœux fussent accomplis, puisqu'il est écrit : « *Maudit celui qui se confie en l'homme et qui s'appuie sur un bras de chair.....!* » (Jérémie 17).

2º Confiance constante et habituelle. Une confiance de ce caractère est indépendante des temps et des évènements ; elle n'attend pas pour recourir à Dieu que le besoin la presse, que le danger soit imminent : *elle établit*, selon l'expression du Roi prophète, *son habitation et sa demeure dans le secours du Très-Haut.* (Ps. 90). Ce n'est point seulement en passant, et dans les cas extraordinaires, qu'un particulier se retire dans sa maison : il s'y tient et le jour et la nuit, il y habite dans la bonne comme dans la mauvaise saison ; et s'il en sort, c'est toujours dans l'intention d'y retourner au plus tôt. Dans un moment d'orage, il peut bien se mettre à l'abri sous le feuillage d'un chêne ; mais il n'établit pas sa demeure sous cet arbre, l'orage passé, il continue sa route. Combien de chrétiens n'usent de l'assistance de Dieu que dans les moments d'orage, et la crise passée, vivent comme si la Providence ne se mêlait plus de rien ou comme s'ils pouvaient se passer d'elle ! Quel nom donner à une telle confiance ? Assurément ce n'est pas là une confiance constante, perpétuelle. Telle n'a pas été celle de notre Sainte. Elle aurait cru faire injure au Seigneur, que de n'avoir en lui qu'une confiance de circonstance : elle ne se bornait donc pas à se confier uniquement et entièrement en Dieu ; mais elle s'y confiait toujours, hors du péril aussi bien que dans les dangers, dans le calme aussi bien que dans la tempête, dans l'abondance aussi bien que dans l'indigence ; enfin , la confiance était sa demeure , son asile sacré d'où elle ne sortait jamais. De là vient qu'elle n'était troublée de rien, qu'elle était aussi tranquille, aussi assurée au milieu des forêts, dans les lieux les plus sauvages , que si elle eût été dans l'enceinte de la forteresse la mieux défendue.

3º Confiance ferme et inébranlable. Il ne faut pas confondre cette qualité de la confiance avec la précédente. Elle suppose quelque chose de plus rare , elle suppose que l'ame reste inébranlable dans son espérance , quoiqu'elle soit frustrée dans son attente, quoiqu'elle se sente comme délaissée par celui qui a promis de la secourir : ainsi elle espère contre toute espérance. Que Dieu diffère de la secourir tant qu'il lui plaira , qu'il paraisse même comme insensible à ses gémissements, à ses maux, elle n'est pas ébranlée des rebuts qu'elle éprouve : c'est là ce qui fait la perfection de la confiance. Peut-on douter que celle de sainte Ulphe n'ait eu ce caractère ? Qui peut dire tous les pièges que l'ennemi du salut lui aura dressés, toutes les pensées désespérantes qu'il lui aura suggérées ? Son dépit et sa rage étaient d'autant plus grands qu'il avait affaire à une simple vierge. Combien il devait être confus de la voir persévérer dans un genre de vie si étrange ! Le Seigneur, autant pour humilier cet orgueilleux que pour augmenter les mérites de son humble servante, aura permis à

10*

Satan de lui livrer les plus rudes assauts, et on peut croire qu'il l'aura laissée long-temps aux prises avec ce cruel adversaire. Mais Satan a eu beau faire, jamais il n'a pu ébranler sa confiance. Pour renverser la nôtre, que faut-il? est-il nécessaire que le Seigneur nous traite comme il a traité le saint homme Job? Hélas! il suffit souvent d'un léger contre-temps; il suffit d'une légère épreuve tant soit peu prolongée ; il suffit qu'une entreprise n'ait pas réussi comme nous l'aurions souhaité; il suffit qu'une prière n'ait pas été exaucée ; que dire d'une confiance qui ne dure qu'autant que les choses vont à notre gré?

RÉFLEXIONS.

1° Je rougis et je m'humilie devant vous, Seigneur, d'avoir eu si peu de confiance en vous et d'en avoir eu tant en moi-même et en mes semblables, qui ne sont, comme moi, qu'impuissance et néant.

2° Dois-je m'étonner de ne pas être exaucé dans mes prières? elles manquent d'une qualité essentielle.

3° Jusqu'ici je n'ai eu recours à vous, ô mon Dieu, qu'à défaut de tout autre protecteur ; j'ai donc mérité vos anathèmes, puisqu'il est écrit: *Maudit celui qui s'appuie sur un bras de chair !*

PRIÈRE.

Illustre Sainte, modèle admirable de confiance, vous pour qui cette confiance a été un secours efficace dans tous vos besoins, une défense dans les tentations, une assurance dans les périls, apprenez-moi à n'espérer que dans le Seigneur. Je n'ai que trop éprouvé combien le secours des hommes est faible et trompeur : compter sur eux, c'est compter sur le néant et le mensonge; la volonté leur manque autant que le pouvoir. Mais quand ils auraient tout ce qu'il faut pour me secourir, je ne voudrais pas leur donner ma confiance; je la réserve toute entière à celui qui seul la mérite. Faites qu'elle soit comme la vôtre, non-seulement entière et sans réserve, mais ferme et inébranlable dans les dangers, les disgrâces, les maladies, en un mot dans toutes les épreuves qu'il plaira au Seigneur de m'envoyer. Ainsi soit-il.

RÉSOLUTIONS PRATIQUES.

Dans mes périls et mes afflictions, je commencerai par recourir à mon Dieu, et je me rappellerai ces paroles: *Notre Père qui êtes dans les Cieux...*

QUATRIÈME JOUR.

Amour de sainte Ulphe pour la prière.

Quand le Seigneur ne nous aurait pas fait un devoir de la prière, en nous assurant que rien ne lui serait refusé, cet exercice devrait toujours être cher à une ame fidèle, par la raison que c'est un hommage que nous rendons à la majesté et à la bonté divine, et un aveu que nous faisons de notre pauvreté et de notre dépendance. Voilà pourquoi tous les Saints ont toujours aimé la prière. On peut en trouver qui n'ont pas fait de miracles, mais on n'en trouvera pas qui n'aient prié et beaucoup prié. Il n'est donc pas nécessaire de dire que sainte Ulphe a eu ce mérite, que dès son bas âge elle avait contracté la sainte habitude de s'entretenir familièrement avec Dieu, que l'oraison était devenue comme un besoin pour elle, et qu'elle se retirait à l'écart le plus souvent qu'elle pouvait pour vaquer à la prière, que c'est ce goût qui lui a fait trouver tant de charmes dans la solitude, enfin, que ce fut par ce saint exercice quelle obtint ces lumières si vives sur les desseins de Dieu, et cette intrépidité d'ame pour les accomplir. Bornons-nous à considérer comment elle priait : nous verrons que sa prière était continuelle, affectueuse et fervente.

1° **Prière** continuelle. « *Il faut prier toujours*, a dit notre divin Maître , *et ne jamais se lasser de prier* ». Les Saints Pères , en interprétant ce passage, n'exigent pas que du matin au soir le chrétien soit à son oratoire, ce qui ne pourrait s'accorder avec les diverses obligations que chacun doit remplir : il suffit , nous disent-ils , que nos actions soient faites en vue de plaire ou d'obéir à Dieu. *Celui-là prie toujours*, dit le vénérable Bède , *qui travaille toujours pour Dieu.* Mais pour sainte Ulphe , on peut dire qu'elle a accompli ce précepte à la lettre. Peu contente des sept à huit heures qu'elle passait chaque matin aux pieds des saints autels , elle consacrait à la prière tout le reste de la journée. Semblable aux Esprits Bienheureux qui sont toujours devant la face du Très-Haut , elle ne perdait jamais la sainte présence de Dieu. Tandis que ses mains s'exerçaient à quelqu'ouvrage extérieur, son cœur restait intimement uni avec son créateur. A peine le sommeil pouvait-il interrompre ce saint commerce, et elle eût pu dire avec l'Epouse des Cantiques : « *Je dors, mais mon cœur veille* ». Il ne faut pas s'en étonner : son ame était comme un sanctuaire où le Seigneur trouvait ses délices. A peine accordait-elle à la nécessité quelques heures de repos. Combien de fois , oubliant même les besoins de la nature, a-t-elle prolongé son oraison jusqu'au lever de l'aurore, à l'exemple de ces fervents Anachorètes qui reprochaient au soleil de venir les troubler dans leur prière! Quelle différence entre elle et la plupart des chrétiens ! Pour eux, pas de temps plus long que celui qu'ils donnent à laprière, et souvent pas de temps plus|mal employé. S'agit-il de toute autre occupation? on s'y livre tout entier ; les heures s'écoulent avec la rapidité de l'éclair, surtout lorsqu'il est question d'un amusement, d'une lecture frivole, d'un entretien avec l'objet d'une affection. Comment expliquer cette difficulté à s'entretenir avec le Seigneur? Hélas ! c'est que nous l'aimons peu. *Quand on aime,* dit St.–Augustin, *il n'y a point de souffrance.*

2º Prière tendre et affectueuse. C'était là que le Seigneur la dédommageait de tous les sacrifices qu'elle avait faits ; c'était là qu'elle trouvait ce centuple promis dans l'Evangile aux ames généreuses qui, pour suivre Jésus-Christ, abandonnent parents, amis, fortune. Il n'y a que ceux qui en ont fait l'expérience qui sachent ce que c'est ; les âmes avares envers Dieu, à plus forte raison les âmes charnelles ne connaissent pas cette manne céleste. Si on leur disait que sainte Ulphe, dans son désert, goûtait plus de joie, plus de contentement véritable, en un jour, que les filles du siècle n'en ont jamais goûté, l'espace d'une année, dans leurs fêtes bruyantes, elles n'en croiraient rien ; mais qu'elles le croient ou non, la chose n'en est pas moins certaine. Ces douceurs ineffables, Ulphe les devait en-

core à la pureté de son cœur : l'oracle est formel :
« *Bienheureux ceux qui ont le cœur pur, car ils ver-*
ront Dieu. » Tout, en effet, lui parlait de Dieu ;
tout la portait à Dieu. Ce n'était pas seulement le
spectacle du firmament, la vue des astres, de ces
brillants flambeaux, qui lui rappelait les perfections
du souverain être ; une fleur, un insecte, un ar-
brisseau suffisait pour exciter dans son cœur les plus
vifs sentiments d'amour et de reconnaissance. Mais
rien ne la touchait comme la vue d'un crucifix :
c'était son livre par excellence ; c'était là qu'elle
apprenait ce que c'est que Dieu, ce qu'il mérite, ce
que c'est qu'une ame, ce qu'il faut faire pour la sauver : c'était là aussi qu'elle puisait cet amour si
tendre envers le divin Rédempteur. D'où vient
que rien de tout cela ne nous émeut, que tous ces
spectacles sont muets pour nous ? la réponse est facile : c'est que nous ne présentons à la prière que
des cœurs immortifiés, des cœurs tout fumant de
passions. De là viennent ces prières non-seulement
sans goût, mais encore sans attention, sans application, où le Seigneur ne voit qu'un tissu d'évagations
d'esprit à peu près volontaires. Ainsi, tandis que
sainte Ulphe priait toujours, nous pourrions dire
que nous ne prions jamais.

3° Prière fervente. Il ne faut pas croire que les
consolations, les joies spirituelles soient le partage
assuré et permanent des ames intérieures, quelque

parfaites que soient les dispositions qu'elles apportent à l'oraison. Elles doivent s'attendre aux désolations, aux sécheresses, aux dégoûts. Dieu en use ainsi pour leur bien, et pour montrer qu'il est le maître de ses dons. Si elles étaient constamment dans les douceurs de la dévotion, il y aurait tout à craindre pour elles; mais le Seigneur qui les aime, les fait passer, comme autrefois les Israélites, par les aridités du désert. En les traitant de la sorte, il les purifie, il éprouve leur fidélité, déracine en eux l'amour-propre et les autres vices qui sont comme inhérents à notre nature. Sainte Ulphe, cette généreuse amante du Sauveur, n'a pas été privée de cette faveur. Mais alors qu'a-t-elle fait? a-t-elle été moins fidèle à ses pieuses pratiques? a-t-elle retranché quelque chose de ses longues oraisons? Ah! loin de là! elle les aurait prolongées, si sa vie n'eût été une prière continuelle. Il est possible qu'à force de désolations et de combats intérieurs, elle se soit vue réduite à une espèce d'agonie : mais alors, loin de se ralentir en quoi que ce soit, loin de se plaindre de la conduite du souverain Maître et de la trouver trop rigoureuse, elle n'a su que se soumettre et s'humilier; elle a dit comme David et comme tous les autres Saints : « Cette épreuve est le calice du » Seigneur; je l'accepte, je le boirai avec action de » grâces. Encore plus, mon Dieu, si tel est votre bon » plaisir : que suis-je pour avoir part à vos caresses?

» je ne mérite que vos rebuts. Toute la grâce que je
» vous demande, c'est que vous ne me rejettiez pas
» de votre face ; traitez-moi comme votre esclave !
» trop heureuse encore de vous servir à ce titre. »
Voilà les sentiments d'abnégation et d'humilité qui
accompagnaient les oraisons de cette généreuse
fille ; voilà ce qui rendait ses prières vraiment
ferventes. Car, encore une fois, une prière n'est
pas fervente précisément parce qu'elle est remplie
d'onction et de joie spirituelles : mais la vraie ferveur se soutient au milieu des ennuis et des dégoûts.
C'est ainsi qu'on ressemble au divin Sauveur qui,
quoique agonisant au Jardin des Olives, n'en continua pas moins à prier. Le caractère propre de la
ferveur, c'est le courage joint à l'humilité. Il fallait
que sainte Ulphe eût l'un et l'autre dans un bien
haut degré, pour avoir fait chaque jour, jusqu'à la
fin de sa vie, le long trajet qui séparait l'église de
sa cellule ; sans que l'obscurité de la nuit, ni la rigueur des saisons, ni l'abondance des pluies, ni la
difficulté des chemins aient jamais pu la retenir. Où
en serions-nous si, pour témoignage de notre ferveur, on exigeait de semblables sacrifices ? Heureusement, nous pouvons rendre nos prières ferventes avec moins de fatigues : il suffit que jamais
la paresse et l'ennui ne nous fassent rien changer
à nos pratiques ni en retrancher la moindre chose.

RÉFLEXIONS.

1° Sainte Ulphe, malgré les grâces extraordinaires dont Dieu l'avait prévenue, aurait cru son salut en danger si elle n'avait eu recours à l'oraison; serai-je plus en assurance si je me prive de ce secours, moi qui suis si faible, si enclin au mal et qui, par mes péchés, ai donné tant d'empire à mes ennemis?

2° La vie de cette généreuse fille fut une vie de prière; serait-ce trop pour moi que de donner chaque matin une légère portion de mon temps à la méditation.

3° C'est bien au défaut de prière et d'oraison, que je dois attribuer tant de chûtes dans le chemin du salut.

PRIÈRE.

Grande Sainte, qui avez si bien connu la nécessité et le prix de la prière, et qui avez tiré tant de fruit de ce saint exercice, demandez pour moi, je vous en conjure, le don d'oraison, don salutaire sans lequel je ne puis ni vaincre mes ennemis, ni m'assurer les grâces du Seigneur. Je comprends maintenant que si je suis si souvent vaincu, c'est ma faute, c'est parce que je ne prie pas ou que je prie mal. Encouragé par votre exemple, soutenu de votre assistance, je suis résolu de remplir ce devoir tout autrement que je ne l'ai fait jusqu'ici. Obtenez-moi la grâce d'être fidèle à cette résolution jusqu'à la fin de ma vie. Ainsi soit-il.

RÉSOLUTIONS PRATIQUES.

Je ne passerai aucun jour sans donner quelque temps à la méditation des verités éternelles, ou à la considération des divins enseignements renfermés dans l'Evangile.

CINQUIÈME JOUR.

Amour de sainte Ulphe pour la mortification et la pénitence.

L'esprit d'oraison et l'esprit de mortification sont inséparables : sans l'oraison, la mortification est insupportable ; sans la mortification, l'oraison est impraticable, ou du moins illusoire et sans fruit. Si sainte Ulphe a possédé dans un degré si éminent le don de la prière, il faut en conclure qu'elle a eu de même l'esprit de mortification et de pénitence. Cette simple réflexion suffirait pour nous faire comprendre les saintes rigueurs qu'elle a pratiquées. Nous pouvons toutefois consulter sa vie, nous connaîtrons encore mieux ce qu'elle a fait en ce genre. Considérons les motifs, les rigueurs, les fruits de son esprit de pénitence.

1° Motifs. Elle voulut faire pénitence pour expier ses fautes, pour vaincre le démon, pour imiter Notre-Seigneur. Quoiqu'elle eût toujours vécu dans l'innocence, son humilité lui faisait croire qu'elle était très-redevable à la justice divine. Elle se reprochait comme des fautes très-graves certaines légèretés de sa première jeunesse : elle craignait surtout d'avoir eu quelques sentiments de complaisance dans les agréments de sa figure, d'avoir tiré vanité des dons naturels que le ciel lui avait départis; mais ce qui lui causait les plus vifs regrets, c'était la crainte que ces dons eussent attiré sur elle l'affection des créatures de préférence au Créateur. Elle ne pouvait se pardonner cette espèce de larcin qu'elle croyait avoir fait au Seigneur, larcin bien involontaire sans doute; mais sa conscience, délicate à l'excès, le lui reprochait, et ce fut la première cause de la sainte haine qu'elle se portait à elle-même. D'un autre côté, elle sentait que la chair est une esclave toujours prête à se révolter; que le moyen de la tenir dans le devoir, c'est de ne pas l'épargner, et que quand on la traite délicatement elle devient bientôt la maîtresse. N'eût-elle donc eu d'autre motif que le désir de mettre en fuite le plus dangereux comme le plus acharné et le plus perfide des démons, elle aurait recouru aux armes de la pénitence et de la mortification. C'est Notre-Seigneur lui-même qui nous les a mises entre les mains, quand il a dit : On ne chasse ce genre de démons que par le jeûne et par la prière. Elle n'ignorait pas que le désert le plus retiré n'est pas à l'abri de ses attaques : au contraire, n'est-ce pas dans le désert que Satan a osé tenter le Fils de Dieu lui-même? Mais ce qui la soutenait et la fortifiait dans cette carrière d'austérités, c'était surtout le souvenir de tout ce que son divin Epoux avait enduré pendant sa vie et dans sa passion. « Quoi! se disait-elle à elle-même, le Fils de l'Eternel, le Saint des Saints, aura tant souffert, et moi vile et indigne créature, moi si coupable, je m'épargnerais! » Voilà pourquoi la vie sans les souffrances lui aurait paru insupportable.

2° Rigueurs de sa pénitence. Il est facile d'en juger par le genre de vie qu'elle avait embrassé et qu'elle suivit constamment malgré la faiblesse de son sexe. Elle voulait marcher sur les traces de son saint Directeur qui vivait comme un autre Jean-Baptiste dans le désert. Elle ne mit à ses austérités d'autres bornes que celles que l'obéissance lui prescrivait. Elle comptait pour rien d'avoir échangé l'habitation splendide et commode de ses parens contre une pauvre chaumière, ses vêtemens du monde contre des habits rudes et grossiers. Elle s'était interdit toute espèce de satisfaction naturelle :

son jeûne était continuel et rigoureux , elle n'avait pour soutenir ses forces qu'une nourriture vile et insipide , et encore la prenait-elle à regret ; elle ne couchait que sur la dure , et comme si tout cela n'eût pas suffit , elle portait sur son corps un rude cilice. Elle n'était , pour ainsi-dire , occupée qu'à se tourmenter , sa plus grande pénitence eût été de n'en point faire , aussi comptait-elle pour rien la loi qu'elle s'était imposée de se rendre chaque jour à l'église , distante de deux lieues de son ermitage. Combien ce trajet dut lui être pénible , quand on pense qu'elle le faisait en toute saison , et qu'elle arrivait avant que l'office du matin fût commencé ; ce qui suppose qu'il était encore nuit quand elle sortait de sa cellule. Voilà la guerre que se fit à elle-même cette chaste épouse du Sauveur.

3° **Les Fruits** de sa pénitence. En voici quelques uns. Le premier et le plus excellent, ce fut un empire absolu sur tous ses sens et sur les premiers mouvements de son cœur. Par suite de cet esprit de mortification , elle était comme affranchie de cette loi des sens qui combat sans cesse et souvent prévaut contre l'esprit , elle vivait dans une chair corruptible , comme si elle eût déjà participé à la nature des Anges. Elle était donc *comme la fleur des champs et le lys des vallons.* Le second fruit consistait dans cette dilatation de cœur dont parle le roi David , qui la faisait courir dans la voie de la perfection : « *J'ai couru dans la voie* » *de vos préceptes, lorsque vous avez dilaté mon* « *cœur.* (Ps. 118.) » L'effet de cette faveur était de répandre une onction secrète sur ce qu'elle pratiquait de plus opposé aux inclinations de la nature, de rendre la croix qu'elle s'était imposée non-seulement supportable, mais aimable et même délicieuse à son cœur. Un autre avantage, c'était de la rendre supérieure et redoutable même à l'esprit de ténèbres. Car, comme on l'a déjà dit, la solitude n'est pas un lieu inaccessible à ce cruel persécuteur, en combien de manières n'a-t-il pas attaqué un saint Antoine, un saint Pacôme, un saint Hilarion ? Aura-t-il épargné cette chaste colombe ? Que n'aura-t-il pas fait pour l'effrayer, pour la détourner d'un dessein qui était si opposé aux intérêts de l'enfer ? Combien il devait être irrité contre elle, en prévoyant les conquêtes que ses exemples devaient un jour faire à Jésus-Christ ! Combien surtout son orgueil devait souffrir, en pensant que s'il était vaincu, il le serait par une simple fille ? On peut donc croire qu'il mit en œuvre tout ce qu'il lui fut permis de déployer de ruse et de malice. Mais il eût beau faire, il fut constamment vaincu par cette intrépide servante de Jésus-Christ ; et cette victoire, elle la dut à l'esprit de mortification et d'oraison dont elle était remplie.

1° Comme chrétien et comme pécheur, je dois faire pénitence, puisqu'il est écrit : « *Si vous ne faites pénitence, vous périrez tous.* »

2° Je ne serai sans doute pas repris pour n'avoir pas pratiqué les austérités dont les Saints nous ont donné l'exemple ; mais serai-je excusé, si je ne me mortifie pas assez pour résister à mes convoitises et pour accomplir les obligations de mon état ?

3° La pénitence la plus agréable à Dieu, et sans contredit la plus méritoire, c'est, en premier lieu, de m'assujettir aux devoirs de mon état et d'en remplir ponctuellement les obligations, puis d'accepter les épreuves qu'il plaît à la divine Providence de m'envoyer, de quelque nature qu'elles soient et de quelque part qu'elles me viennent. Ayant mérité l'enfer, dois-je trouver quelque chose de trop rude ?

O grande Sainte, modèle de pénitence, je suis trop faible pour marcher sur vos pas. Ah ! du moins, que je ne me laisse pas vaincre par les désirs d'une nature corrompue ! Je n'ai que trop cédé aux convoitises de cette chair de péché que je porte partout avec moi, et qui est mon plus dangereux ennemi : obtenez-moi le courage dont j'ai besoin pour la soumettre en tout temps à la loi du Seigneur, et la conserver dans la sainteté et l'innocence, afin que quand je sortirai de ce monde, je puisse paraître avec confiance au tribunal du souverain juge. Ainsi.

RÉSOLUTIONS PRATIQUES.

Si je n'ai pas la force de m'imposer des mortifications volontaires, j'accomplirai au moins celles qui me sont prescrites par l'église et je recevrai en esprit de pénitence, les afflictions et les croix qu'il plaira à Dieu de m'envoyer.

SIXIÈME JOUR.

Dévotion de sainte Ulphe au très-saint Sacrement de l'Autel.

Le sacrement de l'autel est appelé mystère de foi; mais il n'en est pas moins un mystère d'amour. C'est là que Notre-Seigneur, non seulement répand mais épuise toutes les richesses de son amour. Voilà ce que le St.-Esprit avait découvert à sainte Ulphe, aussi s'est-elle efforcée de rendre amour pour amour à ce Dieu caché sous les voiles eucharistiques. Considérons les caractères de son amour : c'était un amour reconnaissant, un amour compatissant, un amour fort et généreux.

1º Amour reconnaissant. Pour s'exciter à cet amour de reconnaissance, elle repassait dans sa mémoire tout ce que le Seigneur avait opéré en sa faveur. « Il aurait pu faire de moi une créature stupide et sans raison, un être insensible et inanimé ; il a mieux aimé me créer capable de le connaître et de l'aimer. Il m'a formée à son image et à sa ressemblance ; il m'a fait naître dans le sein de l'église, de préférence à des milliers d'autres qui n'auront jamais ce bonheur ; il m'a retiré de l'Egypte du monde, il m'a conduit dans la solitude ; enfin pour s'emparer de mon cœur et le posséder sans partage, il a daigné me choisir pour son épouse. Dans l'ordre de la nature, il pourvoit à tous mes besoins, il me sert par l'entremise de toutes les créatures : c'est lui qui me donne l'eau qui me désaltère, l'air que je respire, le pain qui me nourrit, mais rien de tout cela n'est lui-même ; quelque belles, quelqu'agréables que soient ces créatures, elles ne sont que son ouvrage : en les mettant à mon usage, il ne me communique qu'un don de ses mains, au lieu que dans la divine Eucharistie il se donne lui-même, il se donne tel qu'il est, il me donne son humanité avec tous ses mérites et sa divinité avec toutes ses perfections. C'est là qu'il a fait comme un abrégé de toutes ses merveilles, merveilles de charité, merveilles de sagesse et de puissance ; ou plutôt c'est là qu'il a épuisé sa charité, sa puissance et sa sagesse. O don qui surpasse tous les dons ! O bonté ineffable qu'il n'est donné à aucune intelligence créée de comprendre ! Mais que puis-je faire pour lui témoigner ma reconnaissance? » C'était alors qu'elle se plaignait de n'avoir qu'un cœur ; elle aurait voulu en avoir autant qu'il y a de grains de sable sur les bords de la mer, qu'il y a de gouttes d'eau dans l'océan, pour les offrir, les immoler tous à la gloire de ce Dieu d'amour. Voilà ce qui l'appelait chaque jour, long-temps avant l'aurore, dans le temple du Seigneur ; voilà ce qui lui faisait paraître si courtes les longues heures qu'elle passait aux pieds des autels. Dans l'impuissance où elle se trouvait d'acquitter cette dette de sa reconnaissance, elle invoquait tous les Saints du paradis, tous les chœurs des Anges ; elle les priait de s'unir à elle, ou plutôt d'offrir à sa place leurs actions de grâces à la majesté divine.

2° Amour compatissant. Elle souffrait de voir qu'un Dieu si aimant et si aimable n'était pas aimé. « Voyez, se disait-elle, avec quelle ardeur il nous » recherche, avec quelle patience il nous attend, » avec quel empressement il nous reçoit ; on dirait » que nous sommes nécessaires à son bonheur, et » que c'est lui qui perd quand nous nous éloignons de » lui. O insensibilité, ô dureté du cœur humain ! » Quoi ! ce souverain Monarque daigne habiter par- » mi nous, et on le traite comme un étranger ! — Il dé- » clare qu'il fait ses délices d'être avec nous, et nous » nous ennuyons de rester avec lui ! — O enfants des » hommes, jusques à quand aurez-vous des cœurs de

» glace ? Vous vous passionnez pour de viles créa-
» tures, et le Seigneur du Ciel n'a de vous que des
» rebuts ». Cette considération lui perçait le cœur,
et lui faisait répandre des larmes de douleur. Mais
qu'eût-elle dit, qu'eût-elle fait, si elle eût vécu
dans notre siècle? Si elle eût su les indignités que
les hérétiques ont exercées sur le corps du Sauveur,
si elle eût entendu les blasphèmes des impies, si
elle eût été témoin des horribles profanations qui
ont lieu de nos jours, si elle eût vu tout ce qu'il
y a de plus sacré devenir l'objet de la dérision; si
elle eût vu des mains impures arracher de son sanctuaire le Dieu trois fois Saint, le jeter dans les
flammes, dans la boue, ou le livrer à la voracité
d'animaux immondes? De telles horreurs l'auraient
fait mourir de douleur.

3º Amour généreux. L'amour est fort comme la
mort, il ne trouve rien de difficile, il se nourrit
d'excès, il ne connaît point de mesure: c'est ce
qu'éprouvait notre fervente Solitaire. Qu'est-ce qui
l'appelait dès la nuit dans le temple du Seigneur?
qu'est-ce qui lui faisait surmonter les fatigues de ce
pénible trajet, ou les lui rendait délicieuses? c'était
l'amour de Dieu. Qu'est-ce qui l'enchaînait dans le
lieu Saint? pas autre chose que l'amour divin, dont
elle était comme enivrée. Elle arrivait à l'église le
plutôt qu'elle le pouvait, elle n'en sortait que le
plus tard possible, il fallait qu'elle se fît violence

pour s'en éloigner, et encore n'en était-elle absente que de corps; son cœur y demeurait jour et nuit. Elle était comme partagée entre deux affections, l'une pour sa solitude, l'autre pour le très-Saint Sacrement. Si elle n'avait consulté que la première, elle n'eût vécu que dans les forêts : si elle n'avait suivi que la seconde, elle n'eût pas eu d'autre demeure que la maison de Dieu. Que fit-elle? elle choisit une retraite assez écartée de toute habitation pour se trouver vraiment dans une autre Thébaïde, et une Eglise qui n'était pas assez éloignée de sa solitude pour qu'il fut impossible de s'y rendre, quoiqu'il dût lui en coûter. Ce qui donnait un nouvel aiguillon à l'ardeur de sainte Ulphe, c'était la considération de tout ce que font les amants passionnés du siècle : on en a vu traverser des bras de mer à la nage ou dans de frêles nacelles, franchir des torrents impétueux au péril de leur vie, d'autres qui se sont faits esclaves pour avoir le plaisir de converser avec l'objet de leurs affections. « Et moi, » disait-elle, je compterais pour quelque chose le » peu que j'ai à souffrir pour jouir de la présence de » mon Dieu ! et je n'ai à passer ni bras de mer, ni » fleuves, ni torrens ; je n'ai à braver ni le fer ni le » feu. Ainsi, ô mon Jésus, ô l'amour de mon cœur, » tant que mes pieds pourront me soutenir, je vien- » drai vous visiter, vous adorer dans le lieu où vous » avez établi votre demeure sur la terre. Heureuse,

11*

mille fois heureuse, s'il m'était donné de mourir à vos pieds! » Voilà les sentiments de cette sainte amante du Sauveur; quelle condamnation pour tant de chrétiens qui ne viennent à l'église que par routine ou par bienséance, et qui y sont aussi froids que les pierres de l'édifice. Mais que dire de ceux qui n'y viennent que pour s'y dissiper et scandaliser les autres! Gémissons sur ces excès, prions pour ceux qui les commettent, et gardons-nous d'avoir jamais à nous les reprocher.

RÉFLEXIONS.

1° Si sainte Ulphe se croyait obligée à la plus vive reconnaissance envers Notre-Seigneur, a-t-il moins de titres à mon amour? ne suis-je pas aussi l'objet de sa tendresse? ses bienfaits à mon égard dans l'ordre de la grâce et de la nature, sont-ils moins signalés, moins nombreux, moins dignes de reconnaissance?

2° D'où vient que je suis indifférent pour tout ce qui concerne l'honneur de Jésus-Christ au Saint-Sacrement? Ah! c'est que je ne l'aime pas. Que serait-ce si j'avais à me reprocher de l'avoir offensé dans le mystère de son amour! n'y aurait-il là que de l'indifférence?

3° Partout où l'amour se trouve, il opère de grandes choses, dit saint Augustin; et s'il n'opère rien, c'est une preuve qu'il n'existe pas. Que voudrais-je sacrifier pour mon Dieu? rien ou presque rien, marque que je ne l'aime guères. Ne dois-je pas trembler, puisqu'il est écrit : *Celui qui n'aime pas, demeure dans la mort?*

PRIÈRE.

O bienheureuse sainte Ulphe, qui avez brûlé d'un amour si ardent pour l'auguste sacrement de nos autels, et qui avez tiré tant de fruits de cet arbre planté au milieu de l'église catholique, apprenez-moi à connaître ce trésor, le plus riche des trésors, puisqu'il renferme non-seulement les grâces les plus précieuses, mais l'auteur même de la grâce. Jusqu'ici ce Dieu a été pour moi un Dieu caché et même un Dieu inconnu. Apprenez-moi à le connaître; plus je le connaîtrai, plus je l'aimerai, plus j'aurai recours à lui. Je suis sur cette terre comme un pauvre voyageur qui cherche sa route; les ténèbres m'environnent, les forces me manquent. J'ai donc besoin de lumière et de soutien. Ce Dieu a dit qu'il était la lumière et la vie; aidez-moi donc à le trouver comme vous l'avez trouvé, à l'aimer comme vous l'avez aimé, afin qu'il m'éclaire, qu'il me fortifie et me conduise à la bienheureuse éternité. Ainsi soit-il.

RÉSOLUTIONS PRATIQUES.

J'aurai quelques pratiques quotidiennes envers le très Saint-Sacrement; si mes occupations m'em-

pêchent d'aller le visiter chaque jour, je me pros-
ternerai en esprit devant lui, je m'unirai aux Saints
Anges qui l'adorent dans nos tabernacles, je lui
demanderai pardon de mon ingratitude, de mes
irrévérences envers son adorable corps.

SEPTIÈME JOUR.

Amour de sainte Ulphe pour la chasteté.

La chasteté, selon les saints Pères, rend l'homme
égal aux esprits célestes, avec cette différence que,
si dans les Anges cette vertu est plus parfaite, elle
est plus méritoire dans les hommes. Car les Anges
ne sont pas comme nous enveloppés d'une chair
mortelle et corruptible; ils n'éprouvent pas comme
nous un malheureux penchant pour le mal; ils
n'ont pas comme nous des sens, des organes qui
sont autant de portes par lesquelles la tentation
pénètre dans l'âme; ils ne sont pas comme nous
sans cesse harcelés, poursuivis par des légions
d'esprits immondes. On peut donc dire que les Anges
sont chastes par nature, et que nous ne le sommes
qu'à force de combats et de victoires. C'est pour cela
que le mérite d'une ame chaste l'emporte sur celui
des Anges. Pour nous en convaincre, nous n'avons

besoin que de l'exemple de sainte Ulphe. Considérons combien elle a aimé et estimé cette vertu, ce qu'elle a fait pour posséder et pour conserver le trésor de la virginité.

1° Amour et estime qu'elle a eu pour la chasteté. Toutes les vertus sont aimables, mais aucune ne l'est plus ni même autant que la chasteté, et c'est pour cela qu'on la nomme ordinairement *l'aimable vertu.* On la compare au lys qui fait l'ornement de nos parterres. Elle a je ne sais quels charmes qui ravissent le ciel et la terre. Ceux même qui lui sont étrangers ne peuvent lui refuser leurs hommages; mais pour les ames innocentes, en qui l'esprit de sainteté réside, elles en font plus de cas que de tous les biens du monde, elles aimeraient mieux perdre la vie que de souffrir qu'elle reçoive la moindre atteinte : à leurs yeux, elle est la possession de Dieu même, puisqu'un cœur pur est un autre ciel où le Seigneur fait ses délices d'habiter, puisqu'un cœur pur est le gage le plus certain de l'immortalité. Telle était l'estime que sainte Ulphe faisait du don de chasteté. Mais que dire de l'affection particulière qu'elle portait à la virginité? Dès son enfance, l'Esprit-Saint lui avait découvert cette perle évangélique. Elle la préférait à l'or et à la topaze : que dis-je ? elle eût préféré l'état des Vierges à la condition Angélique : « O pureté ! ô divine pureté, s'écriait-elle, comment ne t'aimerais-je pas ? tu fais les délices de mon Dieu : c'est toi qui l'as attiré dans le sein de Marie. Je ne puis pas devenir Mère d'un Dieu ; mais je puis être son Epouse! » C'étaient là les saintes pensées qui remplissaient le cœur de cette innocente colombe et qui lui inspirèrent les plus héroïques résolutions.

2° En effet, que fit-elle, ou plutôt que ne fit-elle pas pour obtenir la possession de ce qu'elle estimait tant? Salomon demandait où l'on pourrait trouver la femme forte, et désespérait presque de la rencontrer sur la terre. Où serait-elle, si elle n'était pas ici? C'est une jeune personne, prévenue de tous les dons de la fortune et de la nature, qui foule aux pieds tout ce que le monde a de plus agréable, qui s'arrache à ce qu'il y a de plus tendre et de plus attachant, qui ne se contente pas de triompher de la chair et du sang, mais qui va jusqu'à exercer sur elle-même de saintes cruautés, jusqu'à contrefaire l'insensée. Qui peut la porter à ces pieux excès, que notre siècle n'eût pas manqué de traiter de folie? Oui certes, il y avait de la folie : mais cette folie était la sainte folie de la Croix ; qu'importe que le monde la méprise et la réprouve? Dieu l'approuve et la bénit ; sainte Ulphe n'en demandait pas davantage. Mais enfin que prétendait-elle par une conduite si étrange aux yeux de la sagesse mondaine? Son secret n'est pas difficile à expliquer : elle ne prétendait qu'une chose, c'était de se soustraire aux engagements du siècle , et de s'offrir en holocauste à son Dieu ; c'était de s'assurer la possession du trésor caché dont elle avait fait la découverte. Notre-Seigneur nous dit que *celui qui sait où il est enfoui, se dépouille de tout pour acheter le champ qui le recèle.* Sainte Ulphe n'a-t-elle pas exécuté à la lettre ce conseil évangélique? Quel contraste avec la plupart des jeunes personnes du siècle ! Que ne font-elles pas pour se produire ! à quels artifices n'ont-elles pas recours! Tandis que sainte Ulphe ne cherchait qu'à cacher , qu'à détruire les agréments extérieurs dont elle était douée, les filles mondaines ne s'étudient qu'à déguiser leurs défauts physiques, elles envient les dons que d'autres possèdent et que la Providence leur a refusés , elles relèvent de mille manières ceux qu'elles croient avoir , elles voudraient refaire la nature. Ah! si du moins en cherchant à parer leur corps, elles s'occupaient à orner leur ame! Mais hélas! tandis qu'elles prennent tant de soins d'un corps qui bientôt sera dévoré par les vers, elles laissent souvent croupir dans la fange du péché une ame immortelle ; quelle folie! quel malheur!...

3° Que fit-elle pour conserver le trésor de l'innocence ? Que servirait-il d'avoir trouvé un butin si on ne savait le sauver des mains des voleurs? Il y a d'autant plus de précautions à prendre que le trésor est plus précieux, et qu'on est plus environné d'ennemis tout à la fois rusés et méchants. Pour se mettre hors de leurs atteintes, sainte Ulphe cherche un asile dans la solitude, elle s'éloigne des lieux qui pouvaient lui être funestes, conformément à ces paroles du psalmiste : « *Voilà que j'ai pris la fuite, je me suis éloigné de mes proches, et j'ai fixé ma demeure dans la solitude.* » Le divorce avec le monde ne suffit-il donc pas pour écarter tous les dangers ? Hélas non ! La solitude la plus profonde n'est pas un rempart assuré contre les attaques de l'enfer. Quand une ame irait s'enfoncer dans les entrailles de la terre, quand elle prendrait non pas les ailes de la colombe, mais celles de l'aigle, pour fuir au-delà des mers et chercher une retraite dans le creux des rochers, elle ne serait pas encore en sûreté, si elle n'employait les trois moyens que l'Esprit-Saint recommande à ceux qui veulent infailliblement sauver le trésor inestimable de l'innocence, savoir : la mortification, la prière et la défiance de soi-même. Une ame a beau être prévenue des grâces les plus signalées ; sans la mortification, tôt ou tard l'ennemi prévaudra. Il en sera de même, si elle ne prie pas. La chasteté n'est pas un fruit de la nature, c'est un don qui descend du ciel. Malheur à une ame qui croirait pouvoir sauver cette fleur céleste sans le secours du Très-Haut ! « *Ce que j'ai su d'abord, dit le Sage, c'est qu'il était impossible de vivre dans la pureté sans la grâce de Dieu :*

c'est pour cela que sur-le-champ j'ai eu recours à la prière ». Plus malheureux encore celui qui vivrait sans défiance ! jamais une âme n'est plus près de sa chûte, que quand elle se croit en parfaite sûreté. « *Que celui qui se croit debout, prenne garde de tomber.* (1. Corin. 10.) ». Qui a mieux su que notre chaste héroïne employer chacune de ces armes spirituelles ? Nous ne parlerons plus des rigueurs de sa pénitence, de la continuité et de la ferveur de ses oraisons; nous nous arrêterons seulement à cette défiance d'elle-même, à cet amour de l'abjection qui fut comme sa vertu dominante. Elle garda toute sa vie un silence absolu sur sa naissance, sur le rang de sa famille, moins pour se soustraire aux poursuites de ses proches, que pour se faire entièrement oublier. Elle ne pouvait souffrir qu'on eût quelque considération pour elle : et le plus rude supplice qu'elle eût à endurer, c'était de se voir honorée. Faut-il s'étonner, après cela, qu'elle ait conservé pure et sans tache la robe du baptême ! faut-il même s'étonner que l'odeur de ses vertus ait attiré après elle un si grand nombre de Vierges qui, dans le ciel, l'honorent comme leur Maîtresse et leur Mère ! Mais si on est déjà en danger de périr quand on ne veut s'imposer aucune contrainte, que sera-ce si l'on court au devant du danger? si on s'y précipite de gaîté de cœur? — N'est-ce pas affronter le péril, que de se permettre tout ce qui peut perdre et corrompre, en fait de lectures, de curiosités, d'attaches humaines ! c'est jeter l'huile dans le feu ; c'est vouloir évidemment se damner.

RÉFLEXIONS.

1º L'innocence et la pudeur semblent être bannies de la terre. Mais ces vertus sont-elles moins chères au cœur de Dieu, sont-elles moins nécessaires pour arriver au salut, qu'elles ne l'étaient dans les beaux siècles du christianisme ?

2º Le monde a beau se pervertir ; le vice impur n'en est ni moins condamnable ni moins condamné.

3º La chasteté est un lys ; il ne faut qu'un souffle pour le flétrir : ce lys ne croît que parmi les épines ; on ne peut le conserver sans combats.

PRIÈRE.

Glorieuse sainte Ulphe, vous avez été une de ces sages Vierges que le divin Epoux a trouvée veillant, la lampe à la main ; ne m'abandonnez pas dans le péril extrême où je suis de me perdre. Mille ennemis sont conjurés contre moi ; mais quand je n'aurais que ma propre faiblesse, ce serait assez pour me faire trembler, puisque c'est assez pour me précipiter dans l'abîme éternel. Aidez-moi à connaître le prix d'une vertu que vous avez tant aimée, et pour laquelle vous avez tout sacrifié. Obtenez-moi la grâce de ne jamais la blesser, et le courage de renoncer à tout ce qui pourrait être pour moi une occasion de souiller mon âme. Ainsi soit-il.

RÉSOLUTIONS PRATIQUES.

Plutôt mourir, que de jamais me permettre rien qui soit contraire à l'aimable vertu de chasteté !

HUITIÈME JOUR.

Dévotion de sainte Ulphe envers la très-sainte Vierge

Dire de sainte Ulphe qu'elle a eu pour l'innocence et la virginité, un amour sans bornes, c'est dire qu'elle a eu en même temps un amour également vif et tendre envers la Reine des Vierges ; car il est impossible de séparer l'un de l'autre. On n'a jamais vu, depuis l'origine du christianisme, et on ne verra jamais une âme chaste qui ne soit en même temps dévouée à Marie. — Considérons quelle a été la dévotion de notre Sainte envers la bienheureuse Vierge. — Elle l'a fait consister en trois sortes d'actes : 1º honorer et aimer, 2º invoquer, 3º imiter Marie.

1º Honorer et aimer Marie : Elle savait qu'honorer Marie, c'était faire ce qu'ont fait tous les saints, que c'était imiter le Sauveur du monde, qui, durant

sa vie mortelle, fut si respectueux envers sa très-sainte Mère ; que c'était entrer dans les vues de l'Eglise qui multiplie presque à l'infini ses hommages envers la Reine du Ciel, qui met sans cesse le nom de Marie dans la bouche de ses enfants, qui emploie tous les moyens possibles, exemples, invitations, pieuses pratiques, associations, indulgences, afin d'inspirer partout respect, confiance, amour pour cette divine Mère ; que c'est faire plaisir aux trois adorables personnes de la Très-Sainte Trinité qui se sont plu à l'enrichir de tous les dons, de tous les privilèges que pouvait recevoir une créature destinée à être la Mère d'un Dieu. Mais ce qui augmentait son amour envers Marie, c'était le souvenir de ses bienfaits. Elle était persuadée qu'après Jésus, elle lui devait tout dans l'ordre du salut : « Oui,
» disait-elle, c'est cette tendre Mère qui m'a arra-
» chée aux dangers du siècle, c'est elle qui, dès
» mon enfance, m'a fait goûter le bonheur de ser-
» vir Dieu ; c'est elle qui m'a inspiré le désir de me
» consacrer à Jésus-Christ ; c'est elle qui m'a obtenu
» la force d'exécuter ce dessein ; c'est elle enfin qui
» m'a guidée et m'a fait entrer dans cette solitude,
» laquelle est pour moi comme la porte du Ciel.
» Il est vrai que l'ennemi du salut est venu sou-
» vent m'y faire la guerre ; mais toute sa malice a
» été vaine. Il n'a rien pu contre moi, parce que
» Marie a été ma défense : c'est donc elle qui m'a

» fait triompher de Satan, après m'avoir fait triom-
» pher de la chair et du sang; si, comme je l'es-
» père, je persévère jusqu'à la fin, j'en fais l'aveu,
» c'est à vous, ô ma tendre Mère, que je devrai
» la grâce de ma persévérance. » C'est ainsi que
sainte Ulphe s'excitait à cet amour de reconnaissance envers la très-sainte Vierge. De là ce zèle qui
la portait à lui gagner des cœurs, à attirer à son
service les personnes de son sexe; c'était principalement pour honorer Marie, qu'elle s'affran-
chissait des lois sévères de sa retraite : elle ne
craignait pas de paraître en public, d'user de tout
son ascendant sur les esprits, afin d'étendre le
culte de la Mère de Dieu. C'est encore pour cette
raison qu'elle avait adopté de préférence l'église
de St.-Acheul; car, si elle avait de la prédilection
pour ce saint lieu, ce n'était pas précisément parce
que c'était l'église cathédrale, parce que l'office
divin s'y célébrait avec plus de pompe et de régularité; c'était plutôt parce que cette église était
dédiée à Marie. En effet, l'église de St.-Acheul
est la première du diocèse d'Amiens, qui ait été
consacrée à la mère de Dieu.

2° Invoquer Marie. La prière faisait l'occupation
habituelle de sainte Ulphe; mais c'était principalement Marie qui, dans l'intérieur de sa Thébaïde
était devenue, après Jésus-Christ, l'objet de ses
louanges et de ses plus tendres affections. Les his-

toriens de sa vie rapportent que le seul ornement
de son petit oratoire, était une représentation de
Marie mère de douleurs, *tenant dans ses bras le corps
de son divin Fils descendu de la croix.* Ce mystère
était le sujet ordinaire de ses contemplations. Qui
peut dire tout ce que ce pieux monument excitait
de compassion, de tendresse, de componction dans
un cœur comme le sien ! Marie était donc pour notre
Sainte cette étoile du matin vers laquelle elle avait
sans cesse les yeux attachés ; elle l'invoquait dans
ses troubles, dans ses perplexités ; quand le démon
de la tristesse ou du découragement lui faisait sentir
sa présence, un regard vers la Reine des Martyrs suffisait pour apaiser les plus furieuses tempêtes et ra-
mener le calme dans son âme. Marie devenait alors
pour elle la tour de David ; c'était là qu'elle se mettait en assurance contre toutes les frayeurs, contre
tous les périls. Voilà pourquoi elle se croyait aussi
en sûreté au milieu des bois, dans les solitudes les
plus écartées que si elle eût habité au milieu des
villes les mieux gardées. « Que peut-il m'arriver
» de fâcheux ? j'ai pour défense une **Mère** et une
» **Mère** toute puissante. Quand tout l'enfer se sou-
» lèverait contre moi, mon cœur ne craindra rien.
» Celle qui m'a mise au monde ignore ce que je suis
» devenue ; peut être même n'existe-t-elle plus. Je
» n'oublie pas ce que je dois à sa tendresse ; mais
» je dois bien davantage à celle qui m'a adoptée ;

» l'héritage qu'elle me destine est bien au-dessus
» de celui que pouvait me promettre celle à qui
» je dois le jour. Oh ! quand me sera-t-il donné
» d'être en sa présence, prosternée au pied de son
» trône ; de contempler ce visage qui fait l'orne-
» ment du ciel, l'admiration des Anges, la joie de
» tous les bienheureux, et d'unir mes louanges à
» leurs louanges, mes bénédictions à leurs béné-
» dictions ! »

3° Imiter Marie. Convaincue que la plus belle
manière d'honorer la très-sainte Vierge et de lui
témoigner son amour, c'était de marcher sur ses
traces, sainte Ulphe s'est appliquée à copier ses
vertus, spécialement son humilité et son amour
pour la pureté. On ne saurait douter que ce ne soit
là les deux vertus de la mère de Dieu qui ont con-
tribué le plus à l'enrichir de mérites ; car elles ont
été comme la source et la mesure de sa sainteté.
Toutefois, d'après le témoignage de saint Bernard,
c'est principalement à son humilité qu'elle est redevable de la dignité de Mère de Dieu. *Il est vrai,*
dit ce pieux Docteur, que par son incomparable pu-
reté, elle a mérité les complaisances du Très-Haut ; mais
c'est à son humilité qu'elle doit l'honneur d'avoir conçu
et mis au monde le Fils de Dieu. Ainsi le titre de
Vierge immaculée, de Vierge sans tache, ne suffisait pas pour l'élever à cette dignité ; il fallait l'humilité et une humilité proportionnée à une telle

élévation. C'est donc en vue et selon la profondeur de cette vertu d'humilité, que le Seigneur a versé dans son âme cette plénitude de grâces qui en a fait le chef-d'œuvre de ses mains; et c'est cette même humilité qui a été la gardienne de toutes les faveurs dont elle a été enrichie. Sainte Ulphe éclairée d'en haut, s'attacha pendant toute sa vie à acquérir un parfait mépris d'elle-même; et ce bas sentiment fut aussi le principe et l'appui de toutes les vertus qu'elle a pratiquées. Si donc elle a eu le don de la foi à un si haut degré, si elle a porté si loin sa confiance en Dieu, son abandon à la providence, son amour des croix et des souffrances; si, au lieu de se ralentir dans la voie austère qu'elle avait embrassée, elle n'a fait que croître en ferveur, à mesure qu'elle approchait du terme, c'est qu'à l'exemple de Marie elle n'avait cherché qu'à s'abaisser : c'était aussi ce désir de l'abjection qui la rendait chère au cœur de cette Reine des Vierges. « Si vous êtes ma fille bien-aimée, aurait-elle pu lui dire, ce n'est pas précisément parce que vous avez pris mon fils pour époux, ni parce que vous avez acheté par tant de sacrifices le titre de son épouse, ni parce que vous pratiquez toutes ces austérités, ni même parce que vous prenez tant de part aux douleurs que j'ai endurées, au pied de la croix; mais c'est parce que vous avez fui tout ce qui pouvait vous élever aux yeux des hommes, et que vous avez constamment recherché ce qui pouvait vous rabaisser. » Qu'une âme orgueilleuse est donc désagréable à Marie ! Elle a beau se faire un mérite de ses dévotions, la très-sainte Vierge aimerait mieux qu'elle laissât ses pratiques et qu'elle devînt humble. Une vierge qui n'est pas humble, ne saurait être qu'une vierge folle. L'humilité, voilà sa principale défense, aux approches de l'ennemi ; l'humilité, voilà la sauve-garde de toutes ses vertus.

RÉFLEXIONS.

1° Je n'aurais point d'espoir de mon salut, si je n'avais pas de dévotion envers la très-sainte Vierge : car quiconque n'a pas Marie *pour Mère* n'aura point Dieu *pour Père*.

2° La vraie dévotion envers la très-sainte Vierge ne consiste pas à être inscrit au nombre de ses serviteurs ou de ses servantes, mais à avoir confiance en elle et à imiter ses vertus.

3° Quelle est la vertu qui me manque le plus et dont Marie m'a donné l'exemple ? puis-je douter que ce ne soit l'humilité ? c'est à l'acquisition de cette vertu que je veux m'appliquer ; et c'est dans le dessein de l'obtenir, que je me mets aujourd'hui tout de nouveau sous sa protection.

12'

PRIÈRE.

Grande Sainte, qui avez tant aimé l'auguste Mère de mon Dieu et qui en avez été si tendrement aimée, je sens tout ce que je dois à ses maternelles bontés. Sans sa puissante médiation, je serais infailliblement perdu. Combien de fois n'a-t-elle pas fermé l'abîme sous mes pas! Mettez au pied de son trône l'hommage de mon cœur et de ma reconnaissance. Que puis-je faire désormais pour lui être agréable? Je le sais, votre exemple me l'apprend: c'est de faire en tout la volonté de son Fils, j'en prends de nouveau la résolution. Obtenez-moi la grâce d'y être fidèle; mais je le sais, je n'aurai ce don de fidélité et de constance, qu'autant que j'aurai une véritable humilité. Obtenez-moi donc cette vertu si nécessaire ; demandez-la pour moi à la Reine du Ciel. Conjurez-la d'avoir plutôt égard à sa miséricorde qu'à mes ingratitudes, et de ne jamais m'abandonner ni à la vie, ni à la mort.

Ainsi soit-il.

RÉSOLUTIONS PRATIQUES.

Jamais je n'abandonnerai la dévotion à Marie, et je ne passerai aucun jour sans l'invoquer et l'honorer, ne fut-ce que par la récitation d'une partie du Chapelet.

NEUVIÈME ET DERNIER JOUR.

Bienheureuse mort de sainte Ulphe.

L'Eglise appelle la mort des Justes *le jour de leur naissance :* elle regarde donc leur vie comme une longue agonie. Peut-on en douter, quand on fait attention à cette guerre constante qu'ils se déclarent à eux-mêmes, aux combats continuels que l'enfer leur livre? Faire de son corps une hostie vivante, ne vivre que de sacrifices, porter sans cesse en soi-même la mortification de Jésus-Christ, avoir toujours les armes à la main, pour ne pas risquer de périr, n'est-ce pas la vie des Justes sur la terre? et quel nom donner à une telle vie, si non celui d'une mort continuelle? c'est donc cesser de mourir, que d'en être délivré. Pour nous en convaincre, réfléchissons, quelques instants, sur la bienheureuse fin de la fidèle Servante du Seigneur; considérons ce que la mort lui enlève, ce que la mort lui laisse, ce que la mort lui assure.

1° Qu'est-ce que la mort lui enlève? Ah! je sais ce qu'elle ravit aux enfants du siècle : elle leur ravit tout ce qui fait leur bonheur; elle les arrache à tout ce qui les enchante, à tout ce qui les enivre : elle arrache cet avare à sa fortune, à ses richesses, cet ambitieux à ses honneurs, cet homme de bonne chère à ses festins, cette jeune personne à ses fêtes, à ses spectacles, à ses intrigues, et peut-être à de criminels attachements. C'est bien à l'égard de ces sortes de personnes qu'on peut répéter ces paroles d'Agag, roi des Amalécites, qui se voyait près de recevoir le coup de la mort : « *Voilà donc les séparations que tu opères, ô cruelle mort !* » Hélas, ce ne sont pas seulement des séparations, ce sont des déchirements ; et pour une âme mondaine, elle en éprouve autant qu'il y a d'objets qui l'ont captivée. Mais qu'il en est bien autrement de notre Bienheureuse ! Elle avait pu dire comme saint Pierre au Sauveur : « *J'ai tout quitté pour vous suivre ; parents, amis, fortune, richesses, j'ai renoncé à tout....* » Que pouvait-elle quitter de plus ? rien, absolument rien. Elle a donc pu défier la mort de lui ravir quelque chose. Loin de perdre, elle n'a fait que gagner, en quittant cette vie : la mort a été la fin de ses souffrances, de ses épreuves, de ses combats ; plus de sacrifices à faire, plus de guerre à soutenir, plus d'attaques à repousser, plus d'ennemis à redouter. Elle avait toujours vécu comme étrangère en ce monde : la voilà parvenue à la fin de son exil, au terme de son pélerinage. La mort en rompant les faibles liens qui retenaient son âme captive dans la prison de son corps, va la mettre pour toujours en liberté, et lui faire prendre l'essor vers les demeures éternelles : c'est là qu'est sa véritable patrie. Réjouissez-vous donc, chaste Épouse du Roi de gloire : « La saison des frimats a disparu, l'hiver des tribulations est passé ; il n'y a plus pour vous ni orages, ni tempêtes, ni périls : vous touchez au port ; vous n'aurez plus de naufrages à redouter ». Il est donc vrai que la mort n'a pu rien enlever à notre sainte héroïne. Je me trompe ; elle lui a enlevé tout ce qui faisait son effroi et son supplice. Ainsi, la mort, loin d'avoir eu des rigueurs pour sainte Ulphe, lui a été douce et bienfaisante.

A quoi tient-il qu'elle ne me rende le même service ? Je n'ai qu'à commencer à me dépouiller volontairement de tout ce qu'elle viendra bientôt m'enlever de force. Malheur à moi, si j'attends jusqu'au dernier moment à faire divorce avec le monde et ses illusions !

2° Qu'est-ce que la mort lui laisse ? Elle lui laisse ou plutôt elle lui fait trouver tout ce qu'on peut imaginer de plus souhaitable. Elle la met en possession d'un trésor de mérites accumulés jour par jour, heure par heure, depuis le moment où le divin Maître a pris possession de son cœur et a reçu son premier hommage. Immense trésor, fruit de tant de sacrifices, de tant d'épreuves, de tant de bonnes œuvres ! abondante moisson *qu'elle a semée dans les larmes et qu'elle recueille dans la joie !* ô mon Dieu ! voilà tant d'années qu'elle vous sert avec une fidélité qui ne s'est jamais démentie, avec une

ardeur qui a été toujours croissant ! voilà tant d'années qu'elle se livre à elle-même une guerre im-
placable, qu'elle ne s'étudie qu'à crucifier sa chair !
voilà tant d'années que Satan ne cesse de l'attaquer,
et que de son côté elle ne cesse de lutter contre cet
infatigable ennemi ! Lui tiendra-t-on compte de tout
ce qu'elle a fait, de tout ce qu'elle a souffert ! lui
tiendra-t-on compte de l'abandon qu'elle a fait de
ses proches et de sa fortune, du mépris qu'elle a eu
pour les grandeurs, pour les distinctions, pour tous
les dons de la nature, de cette sainte avidité avec
laquelle elle a recherché l'abjection et l'anéantis-
sement ! Se souviendra-t-on de ses pénitences, de
ses jeûnes, de ses macérations, de ses veilles, de
ses longues et ferventes oraisons, de ses pénibles
courses répétées, chaque jour, pour se rendre dans
le lieu saint ! En un mot, n'aura-t-on rien oublié
d'une vie si pleine et si parfaite ? non certes, il n'y
aura rien d'oublié... rien n'a échappé aux regards
du souverain Monarque : son œil a tout vu, tout
considéré : tout est inscrit dans le livre de vie. On y
a gravé non-seulement ces actes héroïques, ces prodiges de dévouement que des yeux mortels auraient
pu apercevoir, mais on y a inscrit ce qu'il y a de
plus petit, de plus imperceptible, de plus secret :
non-seulement on y a fait mention de ses longs et
fréquents pèlerinages, mais chacun de ses pas a été
compté ; pas une goutte de sueur, pas un signe

de croix, pas un atôme du bien qu'elle a pratiqué n'a été omis, pas un mouvement de son cœur
ou de ses lèvres, pas un pieux désir, pas une larme,
pas un soupir dont on ne lui tienne compte. Voilà le
trésor qu'elle a amassé, voilà ce que la mort lui fait
trouver. Oh ! qu'elle a été sage d'avoir cherché ces
richesses *que la rouille ne dévore pas, que les voleurs
ne sauraient enlever !* Oh ! qu'elle a été prudente
d'avoir mis son dépot entre les mains de son Dieu,
aussi fidèle gardien, que généreux rénumérateur !
Tout lui sera rendu jusqu'à la dernière obole. Et
nous, que trouverons-nous à la mort ? ce que nous
aurons amassé, ce que nous aurons envoyé d'avance :
nous ne récolterons que ce que nous aurons semé.
L'homme, dit l'Apôtre, *ne moissonnera que ce qu'il
aura semé.* (Gal. 6). *Celui qui sème du vent, ne recueil-
lera que des tempêtes.* Mais que serait-ce, si nous
semions dans la corruption ! Hélas! nous ne mois-
sonnerions que des foudres et des vengeances. Que
trouverais-je, s'il me fallait mourir aujourd'hui ?
Jusqu'ici ai-je semé dans l'esprit ou dans la chair ?
Hélas! j'ai tout lieu de craindre de n'avoir amassé
que des trésors de colère. Heureusement, je puis
encore réparer ce que j'ai mal fait; je puis, par la
pénitence, changer ces trésors de colère en des trésors de mérites; parce que je suis encore sous le
règne de la miséricorde : mais une fois dans l'éternité, une fois sous le règne de la justice, il n'y a

plus de réparations à opérer, plus de rédemption à attendre. Quelle serait ma folie, ou plutôt ma fureur, si je ne profitais pas de la grâce qui m'est offerte!

3° Qu'est-ce que la mort lui procure et lui assure? La mort, en terminant ses travaux et ses souffrances, la met en possession d'une félicité sans bornes, d'une félicité que nulle langue ne saurait exprimer, que nul esprit ne saurait comprendre, que la foi peut à peine atteindre. On a versé dans son sein *une mesure comble, pressée, entassée, regorgeant de toutes parts;* toutes ses œuvres ont été comptées, toutes auront leur récompense, et une récompense *que l'œil n'a jamais vue, que l'oreille n'a jamais entendu raconter.* Que dis-je? chacun de ses désirs aura son salaire et un salaire éternel: les siècles pourront se renouveler mille et mille fois, la récompense sera toujours la même, la joie toujours pure, toujours nouvelle. Ainsi la mort, en lui fermant les yeux du corps, lui a ouvert les yeux de l'âme. Elle a vu cette beauté devant laquelle toutes les beautés de la terre ne sont que laideur; cette beauté dont un seul regard ferait oublier aux réprouvés leurs tourments: elle a trouvé et toujours elle possédera ce Jésus qu'elle avait tant aimé durant sa vie, qu'elle a cherché avec tant d'ardeur et de constance, et qui toujours semblait se dérober à ses empressements. Maintenant elle s'écrie avec l'Epouse des Cantiques: *Je l'ai*

trouvé, non, il ne m'échappera plus. Elle a rencontré ce céleste époux à qui elle a gardé une foi inviolable sur la terre, et qui ne se communiquait à elle que sous des ombres : Elle ne le connaissait qu'en énigme ; maintenant elle le voit face à face, elle le contemple à découvert et sans nuage : elle a entendu de sa bouche ces paroles ravissantes : « Ve-
» nez, ma bien-aimée ; ma colombe, vous voilà
» enfin sortie des forêts du Liban, ce repaire de
» dragons et de léopards ; venez, ma sœur, mon
» épouse, venez recevoir la couronne de justice
» que mon amour vous réservait ». N'est-il pas vrai, ô divin Rémunérateur, vous qui ne vous laissez jamais vaincre en générosité, n'est-il pas vrai que pour prix de cette guerre qu'elle s'est faite à elle-même, un fleuve de paix coule maintenant dans son âme ; que pour récompense des saintes rigueurs qu'elle a exercées sur elle-même, elle nage dans un torrent de délices qui l'enivreront toujours sans la rassasier jamais ? Mais, ô Juge suprême des vivants et des morts, qu'il en est bien autrement des enfants de Babylone, des filles mondaines ! vous changerez leurs ornements pompeux, en des vêtements de flammes ! à la place de leurs riches coiffures, de leurs bracelets, de leurs colliers, vous ne leur donnerez que des serpents pour parure. Vous avez placé sur la tête de votre chaste Épouse un diadème de gloire plus étincelant que le soleil ; ses

habits de deuil et de pénitence ont été changés en des vêtements d'honneur, que la plus riche broderie n'imitera jamais, et que n'a point porté Salomon dans toute sa gloire. Disons donc encore qu'elle a eu mille fois plus de sagesse que ce monarque, quoiqu'on soit venu des extrémités de la terre pour le voir et admirer sa sagesse. Se repent-elle maintenant du choix qu'elle a fait? se repent-elle d'avoir préféré la pauvreté aux richesses, les humiliations aux grandeurs, la pénitence à une vie molle et sensuelle? Ah! loin de là, comme elle se félicite de son partage! comme elle bénit le Seigneur de lui avoir préparé les voies qui l'ont conduite à la bienheureuse éternité. Pour qui donc serait le repentir? n'en doutons pas, ce serait pour nous, si nous ne nous hâtions de rompre quelques misérables liens qui nous attachent aux créatures, et que la mort viendra bientôt briser. Sainte Ulphe, en nous montrant le bonheur dont elle jouit, ne semble-t-elle pas nous engager tous à marcher sur ses traces? C'est principalement aux personnes de son sexe qu'elle adresse ces paroles du Sage : « *Voyez, considérez: j'ai un peu travaillé, j'ai un peu souffert, j'ai fait quelques sacrifices; la grâce les a rendus bien légers: considérez la récompense qu'ils m'ont acquise!* ». Efforcez-vous donc d'entrer par la porte étroite, que le travail ne vous épouvante pas! la main du Seigneur vous aidera; le ciel sera le prix de vos efforts et de vos travaux.

RÉFLEXIONS.

1° C'en sera bientôt fait de moi, et le moment de ma mort décidera de mon éternité : vérité terrible qui suffirait pour sanctifier quiconque n'a pas perdu la foi où la raison !

2° Que trouverai-je à la mort ? le bien et le mal que j'aurai fait. Malheur à moi, si je me trouve les mains vuides ! Que serait-ce, si je mourais dans l'inimitié de mon Dieu ? Cette pensée me fait frémir.

3° Je me dis, souvent à moi-même : *Que mon âme meure de la mort des justes ! Que ma fin soit semblable à la leur !* De pareils souhaits ne suffisent pas ; il faut des œuvres. Que veux-je faire désormais pour obtenir une bonne mort ? éviter le mal et faire le bien, voilà tout le secret ; et pour cela, vivre comme pouvant mourir à chaque instant.

PRIÈRE.

Illustre sainte, qui avez si bien compris la nécessité de mourir en état de grâce, et qui vous êtes constamment préparée à ce dernier passage, apprenez-moi à bien vivre, afin que j'aie le bonheur de bien mourir. Conjurez le Seigneur d'imprimer jusques dans ma chair la crainte de ses jugements, afin que déplorant sans cesse mes iniquités passées, et veillant sur toutes mes œuvres, je puisse paraître avec confiance devant lui. Hélas ! je n'ai pas comme vous conservé pure et sans tache la robe de mon baptême : faites que j'aie au moins le bonheur de la présenter purifiée dans le sang de l'Agneau sans tache et dans les larmes de la pénitence. Obtenez-moi donc, pour fruit de cette neuvaine et pour prix de la confiance que j'ai en votre intercession, la persévérance finale et la plus précieuse de toutes les grâces ; celle d'une bonne mort. Ainsi soit-il.

RÉSOLUTIONS PRATIQUES.

1° Ne jamais rester dans un état où je ne voudrais pas mourir.

2° Renouveler souvent en moi la pensée de la mort, et surtout dans les moments de tentation. Chaque soir, en me mettant au lit, regarder ma couche comme mon cercueil.

3° Faire, au moins une fois par an, une prépara-tion à la mort

FÊTE

DE SAINTE ULPHE, VIERGE,

PATRONNE DE L'ÉGLISE D'AMIENS.

SOLENNEL.

Cette fête se célèbre encore le 16 Mai, jour anniversaire de la Translation des reliques de la Bienheureuse.

AUX I. VÊPRES.

Ant. Erat apud omnes famosissima, quoniam timebat Deum valdè. (*Judith* 8.)

Ant. Parentes illius cum essent justi erudierant filiam suam secundùm legem Domini. (*Daniel.* 13.)

Ant. Cùm deposuisset vestes splendidas, fletibus et

Ant. Elle était singulièrement considérée de tous, parce qu'elle avait la crainte de Dieu au plus haut degré.

Ant. Ses parents, parce qu'ils étaient justes, l'avaient élevée, selon la loi du Seigneur.

Ant. S'étant dépouillée des vêtements distingués que

portaient les personnes de son rang, elle se revêtit d'habits lugubres, qui ne respiraient que le deuil et la pénitence.

Ant. Elle affligea son corps par les macérations; et s'arrachant les cheveux, elle remplissait de gémissements tous les lieux qui avaient été témoins de ses modestes délassements.

Ant. Elle faisait à Dieu cette prière : O mon souverain Maître, venez au secours d'une infortunée qui n'a que vous pour appui.

luctui apta indumenta suscepit. (*Esther* 4.)

Ant. Corpus suum humiliavit jejuniis; omniaque loca in quibus anteà lætari consueverat, lamentis et crinium laceratione complevit. (*Esther* 14.)

Ant. Deprecabatur Dominum dicens : Domine mi, adjuva me solitariam, cui præter te nullus auxiliator alius est. (*Esther* 14.

CAPITULE. (*Osée* 2. 18.)

Le Seigneur a dit : vous serez à jamais mon épouse : je m'unirai à vous par les liens de la justice et du jugement ; par les liens de la bonté et de la miséricorde. Je vous garderai une fidélité inviolable, et vous saurez que je suis véritablement le souverain Maître.

℟. Rendons grâces à Dieu.

℟. J'ai formé un désir ; et un sens droit m'a été accordé. L'esprit de sagesse est descendu en moi, et j'ai préféré cette sagesse aux sceptres et aux trônes. * Auprès d'elle j'ai regardé les richesses comme le néant. ℣. Que sert-il à l'homme de gagner l'univers entier, s'il perd son âme ? * Auprès d'elle. Gloire au Père. ℟. J'ai formé...

Ait Dominus : sponsabo te mihi in sempiternum ; sponsabo te mihi in justitiâ et in judicio, et in misericordiâ, et in miserationibus; et sponsabo te in fide, et scies quia ego Dominus.

℟. Deo gratias.

℟. Optavi, et datus est mihi sensus, et venit in me spiritus sapientiæ, et * Præposui illam regnis et sedibus; et divitias nihil esse duxi in comparatione illius. ℣. Quid prodest homini, si universum mundum lucretur, animæ verò suæ detrimentum patiatur ? * Præposui. Gloria Patri. ℟. Optavi et datus est.

HYMNE.

DIGNIS, unànimes chris-
tiadùm chori, — Insignem
celebrent laudibus Ulphiam;
— Quot flos primigenus,
littore patrio, — Signis Virgo refulserit !

MUNDI delicias vanaque
gaudia — Splendentesque
thoros nobilis abnuit; — Sæcli connubiis, stemmatis im-
memor, — Præsert.virgineum
decus.

ANNIS à teneris, excita de-
supèr, — Regi cœlicolùm,
testibus Angelis, — Sese
perpetuo fœdere voverat, —
Signans postgenitis viam.

FRUSTRA propositum fran-
gere nititur — Indignans ge-
nitor : nutibus obsequi —
Jamdudùm solitam, plena
minacibus, — Verbis jurgia
non movent.

QUE tous les fidèles ré-
unissent leurs voix pour cé-
lébrer dignement dans leurs
chants sainte Ulphe, cette
illustre vierge que notre contrée a produite et qu'elle a
présentée à Dieu, comme
sa première et sa plus belle
fleur.

PARVENUE à l'âge nubile,
elle rejette avec mépris les
délices, les vains amuse-
ments du siècle et les alliances brillantes qui lui sont
offertes : sans égard à la noblesse de sa naissance, elle
préfère la perle de la virginité à tout l'éclat des engagements profanes.

DÈS ses plus tendres an-
nées, guidée par une ins-
piration céleste, en présence
des saints Anges, elle s'était
consacrée au Roi des Rois,
par un vœu perpétuel de
chasteté, donnant ainsi dans
son enfance un tel exemple
aux âges futurs.

SON père offensé d'une
telle détermination veut à
toute force la détourner de
son dessein ; mais en vain ;
sa fille qu'il avait toujours
trouvée si docile aux moindres signes de sa volonté,
n'est nullement ébranlée de
ses reproches qu'il accompagne de menaces fou-
droyantes.

De son côté, la mère se propose de vaincre par les caresses l'obstination de ce cœur magnanime ; elle joint à ses larmes les prières les plus tendres ; rien ne peut abattre ce courage inébran-lable.

Pour mieux conserver pure et intacte la foi qu'elle vous a jurée, ô divin Sauveur, elle se dérobe à sa famille par une fuite précipitée, et met par ce moyen un terme à cette guerre domestique.

Gloire suprême soit au Père, au Fils ! gloire égale vous soit rendue, ô Saint-Esprit, vous qui savez inspirer à une vierge timide, une force égale à celle des habitans des Cieux. Ainsi...

v. Toute la gloire de cette fille du Roi vient de l'intérieur ;

r. D'autres vierges seront conduites à sa suite auprès du monarque éternel.

Quin et magnanimi flectere pectoris : — Robur blanditiis aggreditur parens ; — Miscet sollicitas cùm lacrymis preces ; — Nil mentem solidam quatit.

Castam, Christe, tibi quam dederat fidem, — Quo servet meliùs, præcipiti fugâ — Sese proripiens, ponit agonibus — Duris Ulphia terminum.

Sit laus summa Patri, summaque Filio, — Sit par, sancte, tibi laus quoque Spiritus — Qui noscis timidæ cœlitibus pares — Sensus addere virgini ! Amen.

v. Omni'sgloria ejus filiæ regis ab intùs ;

r. Adducentur Regi virgines post eam. (*Ps.* 44.)

A Magnificat.

Ant. Oh ! quelle est belle ; qu'elle a d'éclat la race des âmes pudiques ! Sa mémoire est immortelle ; et elle est en honneur et devant Dieu et devant les hommes.

Ant. O quàm pulchra est casta generatio cum claritate ! immortalis est enim memoria illius ; quoniam et apud Deum nota est et apud homines. Alleluia. (*Sap.* 4.)

ORAISON.

Dieu tout-puissant et éternel qui, après avoir prévenu la bienheureuse Ulphe

Omnipotens sempiterne Deus, qui Beatam Ulphiam singulari castitatis dono præ-

ventam, per mundi contemptum et arduas pænitentiæ
vias, ad te mirabilitèr evexisti, da populis qui ejus patrocinio lætantur, ut tantæ fidei
proficientes exemplo, tibi
corpore et mente famulari
jugiter studeant. Per Dominum nostrum...

d'un don admirable de chasteté, l'avez merveilleusement guidée vers vous par
le mépris du monde et par
les voies rigoureuses de la pénitence, accordez aux peuples qui se félicitent de l'a-
voir pour patronne, la grâce
de profiter de l'exemple
d'une foi si vive, et de s'appliquer constamment à vous
servir, par la pureté du
corps et de l'âme; Par N.-S.

v. Dominus vobiscum ;

v. Le Seigneur soit avec
vous ;

r. Et cum spiritu tuo.

r. Et avec votre esprit.

v. Benedicamus Domino ;

v. Bénissons le Seigneur.

r. Deo gratias.

r. Rendons grâces à Dieu!

A COMPLIES.

Psaumes de la Férie.

Ant. Ego flos campi et lilium convallium ; sicut lilium inter spinas. (*Cant.* 2.)

Ant. Je suis la fleur des
champs et le lys des vallons;
je ressemble au lys qui croît
parmi les épines.

HYMNE.

Quid, Christe, nectis Ul-
phiæ
Tristes in hâc terrâ moras ?
Sponsam tibi diù datam
Ne plùs retardes exulem.

Pourquoi, divin Sauveur,
pourquoi retenez-vous sur
cette terre de douleur Ulphe
votre épouse ? Puisqu'elle
vous est destinée, ne prolon-
gez pas davantage son exil.

Vides ut ægra corporis
Pondus molestum vix trahat;
Noctù diùque dùm gemit,
Fit pæna vitâ longior.

Voyez comme dans l'amer-
tume qui l'épuise, elle peut
à peine traîner le poids ac-
cablant de son corps; tandis
que jour et nuit elle ne fait
que soupirer, prolonger sa
vie, c'est prolonger son
martyre.

Mettez un terme à vos soupirs, ô victime de l'amour divin ; enfin il vous est permis de mourir et de quitter le fardeau de cette chair de mort.

Chaste épouse de l'Agneau si long-temps cachée dans les forêts avec les animaux sauvages, c'est au milieu des célestes chœurs que vous habitez désormais, dans un éclat qui efface celui des astres.

A la place de ces habits rudes et grossiers, une lumière éternelle sera votre vêtement ; pour prix de ce jeûnes si longs et si austères, Dieu lui-même vous rassasiera de son essence.

O vous notre gloire, notre espérance, glorieuse sainte Ulphe, au-dedans quelle guerre continuelle nous presse ; au-dehors que d'ennemis furieux nous menacent ! Venez, ô aimable protectrice, venez à notre secours.

O Jésus, couronne des vierges, à qui sainte Ulphe doit ses triomphes, gloire immortelle vous soit rendue, avec le Père et le St.-Esprit. Ainsi soit-il.

Impone finem planctibus,
O caritatis victima :
Tibi datur tandem mori
Et mole carnis exui.

Inter feras , in saltibus,
Virgo tot annis abdita,
Inter choros cœlestium,
Astris nitescis clarior.

Pro luctuosis vestibus,
Æterna te lux induet :
Tàm longa post jejunia,
Erit tibi numen cibus.

O nostra laus, spes, Ulphia,
Quot bella nos intùs premunt!
Foris quot hostes imminent!
Nobis, benigna, subveni.

Jesu, corona Virginum,
Per quem triumphat Ulphia;
Cum Patre et almo spiritu,
Jugis tibi sit gloria.
Amen.

A Nunc dimittis.

Ant. Venez, ô mon Epouse ; venez des forêts du Liban ; venez et vous serez couronnée.

Ant. Veni de Libano, sponsa mea ; veni de Libano ; veni , coronaberis. (*Cant.* 4.)

POUR LE TEMPS PASCAL.

Ant. Alleluia. Hiems transiit, imber abiit; alleluia. Surge, amica mea, et veni. Alleluia, alleluia. (*Cant.* 2.)

Ant. Réjouissez-vous, l'hiver est fini, les frimats ont disparu; *réjouissez-vous, levez-vous, ô ma bien-aimée, hâtez-vous, venez. Réjouissez-vous, réjouissez-vous.*

ORAISON.

Domine Jesu, Virginum custos, qui Beatæ Ulphiæ vitam non tulisti, sed mutâsti in melius; fac nos, ipsâ intercedente, itâ piè, justè et sobriè conversari in sæculo, ut tibi placeamus in terris, et cum eâdem coronari mereamur in cœlis. Qui vivis et regnas...

Seigneur Jésus, gardien et récompense des vierges, qui (en ce jour) avez, non enlevé, mais changé en une meilleure vie, celle de votre fidèle Servante sainte Ulphe, faites que par son intercession, nous nous comportions, au milieu du siècle, avec tant de piété, de justice et de sobriété, que nous méritions de vous d'être un jour couronnés avec elle dans le ciel. Vous qui étant Dieu...

v. Dominus vobiscum...
v. Benedicamus Domino;
r. Deo gratias.

Gratia Domini nostri Jesu Christi, et charitas Dei, et communicatio Sancti Spiritûs sit cum omnibus vobis.
r. Amen.

v. Le Seigneur soit avec...
v. Bénissons le Seigneur.
r. Rendons grâces à Dieu.

Que la grâce de N.-S. J.-C., l'amour de Dieu, et la communion du St.-Esprit, soit avec nous.
r. Ainsi soit-il.

DE LA PRÉSENTATION AU SAMEDI SAINT.

Ant. Ave, Regina cœlorum, Ave, Domina Angelorum: Salve, radix; salve, porta, Ex quâ mundo lux est orta. Gaude, Virgo gloriosa, Super omnes speciosa:

Vale, ô valdè decora, Et pro nobis Christum exora.
v. Dignare, me laudare te, Virgo sacrata;
r. Da mihi virtutem contrà hostes tuos.

ORAISON.

Concede, misericors Deus, fragilitati nostræ præsidium; ut qui sanctæ Dei Genitricis memoriam agimus, inter-cessionis ejus auxilio à nostris iniquitatibus resurgamus; Per eumdem Christum.

PENDANT LE TEMPS PASCAL.

Ant. Regina cœli, lætare, alleluia; Quia quem meruisti portare, alleluia, Resurrexit sicut dixit, alleluia. Ora pro nobis Deum, allel.

v. Gaude et lætare, Virgo Maria;

r. Quia surrexit Dominus verè, alleluia.

ORAISON.

Deus, qui per Resurrectionem Filii tui Domini nostri Jesu Christi mundum lætificare dignatus es; præsta, quæsumus, ut per ejus genitricem Virginem Mariam perpetuæ capiamus gaudia vitæ; Per eumdem.

v. Fidelium animæ requiescant in pace. r. Amen.

Tout bas, Pater, Ave, Credo.

v. Divinum auxilium maneat semper nobiscum.

r. Amen.

A LA PROCESSION.

r. A Dieu ne plaise que je me glorifie jamais que dans la croix de Jésus-Christ,* par qui le monde est crucifié pour moi et moi pour le monde! v. Vanité des vanités, tout est vanité, excepté aimer Dieu. * Par qui.

Gloire au Père. * Par qui.

r. Mihi absit gloriari, nisi in cruce Domini nostri Jesu-Christi. * Per quem mihi mundus, crucifixus est et ego mundo! Alleluia, alleluia, ⍭. Vanitas vanitatum et omnia vanitas, præter amare Deum. * Per quem.

Gloria Patri... * Per quem.

Si le répons ne suffit pas, on chante le psaume suivant.

PSAUME 51.

Pourquoi te fais-tu gloire de ta méchanceté, toi qui n'as de pouvoir que dans le crime?

Quid gloriaris in malitiâ, * qui potens es in iniquitate?

Totâ die injustitiam cogitavit linguâ tua : sicut novacula acuta fecisti dolum.

Dilexisti malitiam super benignitatem : * iniquitatem magis, quàm loqui æquitatem.

Dilexisti omnia verba præcipitationis, * lingua dolosa.

Proptereà Deus destruet te in finem : * evellet te, et emigrabit te de tabernaculo tuo, et radicem tuam de terrâ viventium.

Videbunt justi et timebunt, et super eum ridebunt, et dicent : * Ecce homo, qui non posuit Deum adjutorem suum :

Sed speravit in multitudine divitiarum suarum : * et prævaluit in vanitate suâ.

Ego autem sicut oliva fructifera in domo Dei : * speravi in misericordiâ Dei in æternum, et in sæculum sæculi.

Confitebor tibi in sæculum quia fecisti : * et expectabo nomen tuum, quoniam 'bonum est in conspectu sanctorum tuorum.

Gloria Patri. *Repet.* * Per quem mihi mundus...

Toute la journée, ta langue ne s'est exercée qu'à la calomnie ; c'est un rasoir tranchant qu'aiguise la fraude.

Tu as préféré le mal au bien, le langage de l'iniquité aux paroles de la justice.

Tu n'as aimé que les paroles de ruine, langue perfide et trompeuse.

Mais le Tout-Puissant te détruira pour toujours ; il t'enlèvera, il t'arrachera de la demeure ; il te déracinera de la terre des vivans.

Les justes verront et seront saisis d'effroi ; ils riront de l'impie et ils diront : le voilà cet homme qui n'a pas mis son appui en Dieu.

Mais il a mis sa confiance dans la multitude de ses possessions ; et il s'est affermi sur son iniquité.

Pour moi, je suis comme un olivier fécond dans la maison du Seigneur ; j'ai mis tout mon espoir dans la miséricorde du Seigneur pour l'éternité et la suite des siècles.

Je vous rendrai, ô mon Dieu, d'éternelles actions de grâces, lorsque vous aurez consommé votre œuvre ; j'attendrai votre puissance, parce qu'elle n'est que bonté en faveur de vos élus.

Gloire au Père. *On répète* Par qui le monde...

13*

℣. Pour moi semblable à un olivier fécond planté dans la maison de Dieu ;

℟. J'ai mis mon espoir dans la miséricorde du Seigneur pour l'éternité et la suite des siècles.

℣. Ego sicut oliva fructifera in domo Dei ,

℟. Speravi in misericordiâ Dei in æternum.

ORAISON.

Jésus-Christ Sauveur du monde, force des âmes chastes, vous par qui le monde a été crucifié pour la bienheureuse vierge sainte Ulphe votre épouse, et par qui elle a été à son tour crucifiée pour le monde, apprenez-nous, à mépriser, comme elle, les avantages de la terre, et à nous attacher inviolablement à vous par la voie de la croix et la pureté du cœur.

Salvator mundi Jesu-Christe , castarum animarum robur, per quem Beatæ Ulphiæ mundus crucifixus fuit et ipsa mundo crucifixa, doce nos, ejus exemplo, terrena despicere, et tibi per crucis sequelam et cordis munditiam constanter adhærere ; qui vivis...

EN ENTRANT AU CHOEUR.

Ant. Je suis à mon bien-aimé, et mon bien-aimé est à moi ; il ne se plaît, que parmi les lys.

℣. Seigneur, mon âme n'a soupiré qu'après vous ;

℟. Combien de fois cette ardeur qui m'entraîne vers vous, s'est fait sentir jusques dans ma chair et mes os.

Ant. Ego dilecto meo et dilectus meus mihi qui pascitur inter lilia. Alleluia. (*Cant.* 6.)

℣. Sitivit in te anima mea, Domine ;

℟. Quàm multipliciter tibi caro mea. (*Ps.* 62).

ORAISON.

O Dieu qui avez allumé dans le cœur de sainte Ulphe votre épouse, les flammes du pur amour, éteignez dans les nôtres, l'amour du

Deus, qui in corde Beatæ Ulphiæ sponsæ tuæ flammas sanctæ dilectionis accendisti : extingue in cordibus nostris amorem sæculi et vitiorum concupiscentias, quatenùs, ejus imitatione, carne mortificati et spiritu ambulantes, cælestia semper inquiramus : Per Christum...

siècle présent et la concupiscence du vice, afin qu'à son exemple, mortifiés dans la chair, vivant selon l'esprit, nous cherchions sans cesse les biens éternels. Par N.-S.

A LA MESSE.

INTROÏT.

Quid mihi est in cœlo, et à te quid volui super terram ? Deus cordis mei et pars mea Deus in æternum. Alleluia, alleluia.

Ps. Eructavit cor meum verbum bonum ; * Dico ego opera mea regi. Gloria Patri et Filio. — Quid mihi est. (*Ps.* 72. 44.)

Qu'y a-t-il pour moi au ciel, et qu'ai-je désiré sur la terre, sinon vous, ô le Dieu de mon cœur et mon partage pour l'éternité. *Réjouissez-vous.*

Ps. Une parole de bonheur s'est élancée du fond de mon cœur ; la voici : Je consacre toutes mes œuvres au Roi suprème. Gloire.

ORAISON.

Omnipotens sempiterne Deus, qui Beatam Ulphiam singulari castitatis dono præventam, per mundi contemptum et arduas pœnitentiæ vias, ad te amabiliter evexisti, da populis qui ejus patrocinio lætantur, ut tantæ fidei proficientes exemplo, tibi corporis et mentis integritate famulari jugiter studeant. Per Dominum.

Dieu tout-puissant et éternel qui après avoir prévenu la bienheureuse vierge Ulphe d'un don singulier de chasteté, l'avez merveilleusement conduite à vous par le mépris du monde et les sentiers si rudes de la pénitence, accordez aux peuples qui se glorifient de l'avoir pour patronne la grâce de profiter des exemples d'une foi si vive et de s'appliquer constamment à vous servir par la pureté du corps et de l'esprit ; Par N.-S. J.-C.

POUR LE JOUR DE LA TRANSLATION DES RELIQUES DE SAINTE ULPHE.

ORAISON.

Dieu tout-puissant qui êtes glorifié dans la gloire que l'on rend à vos saints, recevez les hommages que nous portons au pied de vos autels en cette solennité ; et faites que les honneurs que nous rendons aux précieux restes de la bienheureuse Ulphe, votre chaste épouse, augmentent en nous l'espérance avec la foi de la résurrection future ; Par Notre-Seigneur...

Deus omnipotens qui in gloriâ sanctorum tuorum glorificaris, suscipe, quas tibi laudes in hâc solemnitate deferimus ; et præsta ut dùm beatæ Ulphiæ virginis tuæ reliquias veneramur, unà cum fide spes futuræ resurrectionis in nobis augeatur ; Per Dominum...

ÉPITRE

Tirée du livre de l'ecclésiastique.

J'ai invoqué le Seigneur, père du Seigneur mon Dieu, afin qu'il ne me laisse pas sans secours au jour de ma tribulation. Je louerai sans cesse votre saint nom, je l'exalterai dans mes louanges, parce que ma prière a été exaucée. C'est pourquoi je vous rendrai grâces, je chanterai vos louanges et je bénirai le nom de mon Seigneur. Lorsque j'étais encore jeune avant que je pusse prendre un mauvais chemin, j'ai cherché la sagesse dans mes prières ; je l'ai demandée à Dieu dans son temple, et je la rechercherai jusqu'à la fin de ma vie ; et elle a été en moi comme une grappe de raisin mûr avant le temps,

Lectio libri ecclesiastici.
(Ch. 51.)

Invocavi Dominum patrem Domini mei, ut non me derelinquat, in die tribulationis meæ, sine adjutorio. Laudabo nomen tuum assiduè et collaudabo illud in confessione ; et exaudita est oratio mea. Proptereà confitebor et laudem dicam tibi ; et benedicam nomen Domini. Cùm adhuc junior essem, priusquàm oberrarem, quæsivi sapientiam palàm in oratione meâ. Antè templum postulabam pro illà ; et usquè in novissimis inquiram eam. Et effloruit tanquam præcox uva. Lætatum est cor meum in eâ : ambulavit pes meus iter rectum ; à juventute meâ investigabam eam. Inclinavi

modicè aurem meam et ex-
cepi illam ; et multùm pro-
feci in eâ. Danti mihi sapientiam, dabo gloriam.

et mon cœur s'est réjoui en
elle, mes pieds ont marché
dans une voie droite ; dès
ma jeunesse elle était l'objet
de mes recherches ; j'ai in-
cliné un peu l'oreille et elle
s'est fait entendre à mon
cœur, et elle m'a été d'un
grand avantage. Je rendrai
gloire à celui qui m'a fait
un si riche présent.

GRADUEL.

Cum te laudarent astra
matutina, Domine, et jubi-
larent simul omnes filii Dei,
antè templum postulabam
pro sapientiâ. (*Job* 38. *Eccl.*
51.) v. Mediâ nocte surge-
bam ad confitendum tibi,
super judicia justificationis
tuæ. (*Ps.* 118.)

Dans le temps où les astres
du matin publiaient vos louanges, Seigneur, et que tous
les fils du Très-Haut formaient un concert en votre
honneur, j'étais déjà à la
porte du temple pour sol-
liciter le don de la sagesse.
v. Je me levais au milieu
de la nuit, pour vous glorifier sur la sagesse admirable
de vos saintes ordonnances.

Alleluia, alleluia. v. Sitivit anima mea ad Deum for-
tem vivum ; quandò veniam
et apparebo antè faciem
Dei ? Alleluia. (*Ps.* 41.)

*Réjouissez-vous, réjouis-
sez-vous.* v. Mon âme n'a cessé de soupirer après le Dieu
fort, le Dieu vivant. Quand
me sera-t-il donné d'arriver
et de paraître devant la face
de mon Dieu ? *Réjouissez-
vous.*

APRÈS LA SEPTUAGÉSIME.

Trait. Dilexisti justitiam
et odisti iniquitatem, proptereà unxit te Deus, Deus
tuus, oleo lætitiæ præ con-
sortibus tuis.

Trait. Vous avez aimé la
justice et vous avez détesté
l'iniquité ; c'est pourquoi le
Seigneur a fait couler sur
vous l'huile de la joie, plus
abondamment que sur toutes
vos compagnes.

v. Oubliez votre peuple et la maison de votre père, et le souverain Roi sera ravi de votre beauté.

v. Tous les puissans du peuple se prosterneront devant votre face ; une foule de vierges viendront à la suite de l'épouse, ò puissant Roi, ses premières compagnes seront conduites devant vous.

v. O chaste épouse de l'Agneau, votre nom vivra dans la mémoire des peuples et passera d'âge en âge : c'est pourquoi ils vous béniront pendant l'éternité et dans la suite des siècles.

v. Obliviscere populum tuum et domum patris tui et concupiscet rex decorem tuum.

v. Vultum tuum deprecabuntur omnes divites plebis, adducentur regi virgines post eam ; proximæ ejus afferentur tibi. -

v. Memores erunt nominis tui in omni generatione ; proptereà populi confitebuntur tibi in æternum et in sæculum sæculi. (*Ps.* 44).

POUR LE TEMPS PASCAL.

Rejouissez-vous. v. Beaucoup de vierges ont amassé des richesses ; mais vous les avez surpassées toutes.

Réjouissez-vous. v. Une couronne et un triomphe éternel est réservé à la rose des cœurs purs et innocents. *Réjouissez-vous.*

Alleluia, alleluia. v. Multæ filiæ congregaverunt divitias, tu supergressa es universas.

Alleluia. v. Casta generatio in perpetuum coronata triumphat, alleluia. (*Sap.* 4.)

PROSE.

Que les âmes innocentes célèbrent dans leurs chants la gloire de sainte Ulphe, que par des cantiques nouveaux elles exaltent sa mémoire! que le ciel applaudis-sceaux concerts de la terre !

Qui n'admirera les sublimes desseins de ce cœur pudique, et les actions héroïques d'une jeune et tendre

Ulphiæ gloriam
Celebrent laudibus ;
Ejus memoriam
Novis et cantibus
Exornent virgines !
Terræ concentibus
Applaudant cœlites !

Alta consilia
Pudici pectoris,
Gestaque fortia
Tenellæ virginis

Quis non mirabitur ?
Digna præconiis
Quæ vox aptabitur ?

Splendore generis
Eminet inclyta :
Juncta divitiis
Formæ præstantia,
Cunctis prodigium :
Fiunt tot munera,
Ipsi contagium.

Mundus alliciens
Offert divitias ;
Ostentat blandiens
Opum fallacias ;
Plus adversaria
Urgens ad nuptias
Adest familia.

Annis sed primulis
Jàm se virgineo
Instinctu numinis,
Strinxerat vinculo ;
Quid juvat furere
Satan ? non poteris
Promissa rumpere.

Timens naufragium
Et pacti conscia
Placentem nimiùm,
Pià sævitià,
Vultum dilacerat ;
Nec sat, inedià
Se totam macerat.

Haud tamen propriis
Confisa viribus
Nec ab insidiis

vierge ? où trouver une voix capable de louer dignement tant de vertus ?

Ulphe brille par l'éclat de la naissance ; à l'opulence elle joint les dons de la nature, tant d'avantages sont pour les autres un prodige digne d'envie, et pour elle un écueil redoutable.

Le monde pour la séduire lui montre les attraits du plaisir : pour la flatter, il étale à ses yeux le faux appât des richesses ; mais l'adversaire le plus funeste, c'est sa famille qui veut à toute force lui faire contracter une alliance dans le siècle.

Mais elle en avait contracté une autre : guidée par une inspiration céleste, à peine sortie de l'enfance, elle s'était liée par le vœu de virginité. Satan, pourquoi tant de fureur ? tu ne réussiras pas à rompre ces saints engagements.

Effrayée du péril et fidèle à son serment, Ulphe, usant d'une pieuse cruauté commence par déchirer ce visage coupable d'avoir plu par trop d'agrément : ce n'est pas assez, à force d'abstinence elle se réduit à une maigreur extrême.

Toutefois, pleine de défiance d'elle-même et ne se croyant jamais en sûreté contre les pièges déguisés de l'ennemi, elle se détermine à prendre la fuite, et à mettre ainsi un terme à cette guerre domestique.

Elle cherche loin de sa patrie quelque retraite isolée, Une solitude toute hérissée de buissons lui offre dans l'épaisseur des bois, un asile hospitalier.

Dans la ferveur qui la consume, en se voyant cachée dans la profondeur de ces lieux inhabités, elle se regarde comme séparée du reste des mortels, et mène une vie conforme à celle des habitans des cieux.

Cette généreuse servante de Jésus-Christ, a saint Domice pour compagnon de son désert. Jalouse de marcher sur les traces d'un tel guide, elle extermine son faible corps par les veilles et le consume d'austérités.

Plus de repos pour ses membres exténués : chaque nuit, son sommeil est interrompu ; le temps est affreux ; n'importe, elle ne fera pas moins le trajet de la cellule au temple du Seigneur.

Mais quelle voix partie du ciel, vient frapper mon oreille ? « Levez-vous, ô ma » bien-aimée ; voici que l'é

Tuta latentibus ,
Decernit fugere ,
Et certaminibus
Sic finem ponere.

Cunctis impervium
Procul a patriâ
Quærit hospitium ;
Loca sylvestria
Consita vepribus
Præbent tuguria
Densis in saltibus.

Amore fervida
Imis recessibus
Dùm latet abdita ,
Et a terrestribus
Se videns exulem ,
Vitam cœlitibus
Ducit consimilem.

Eremi socium
Christi discipula
Habet Domitium
Ductoris æmula ,
Terit vigiliis
Virgo corpusculum ,
Terit jejuniis.

Defessis artubus
Quies abnuitur ;
Singulis noctibus ,
Somnus abrumpitur ;
Via fit horrida :
Non minùs pergitur
Ad templi limina.

Emissa cœlitùs
Quæ vox nunc assonat?
» Exurge citiùs :
» En sponsus te vocat ;

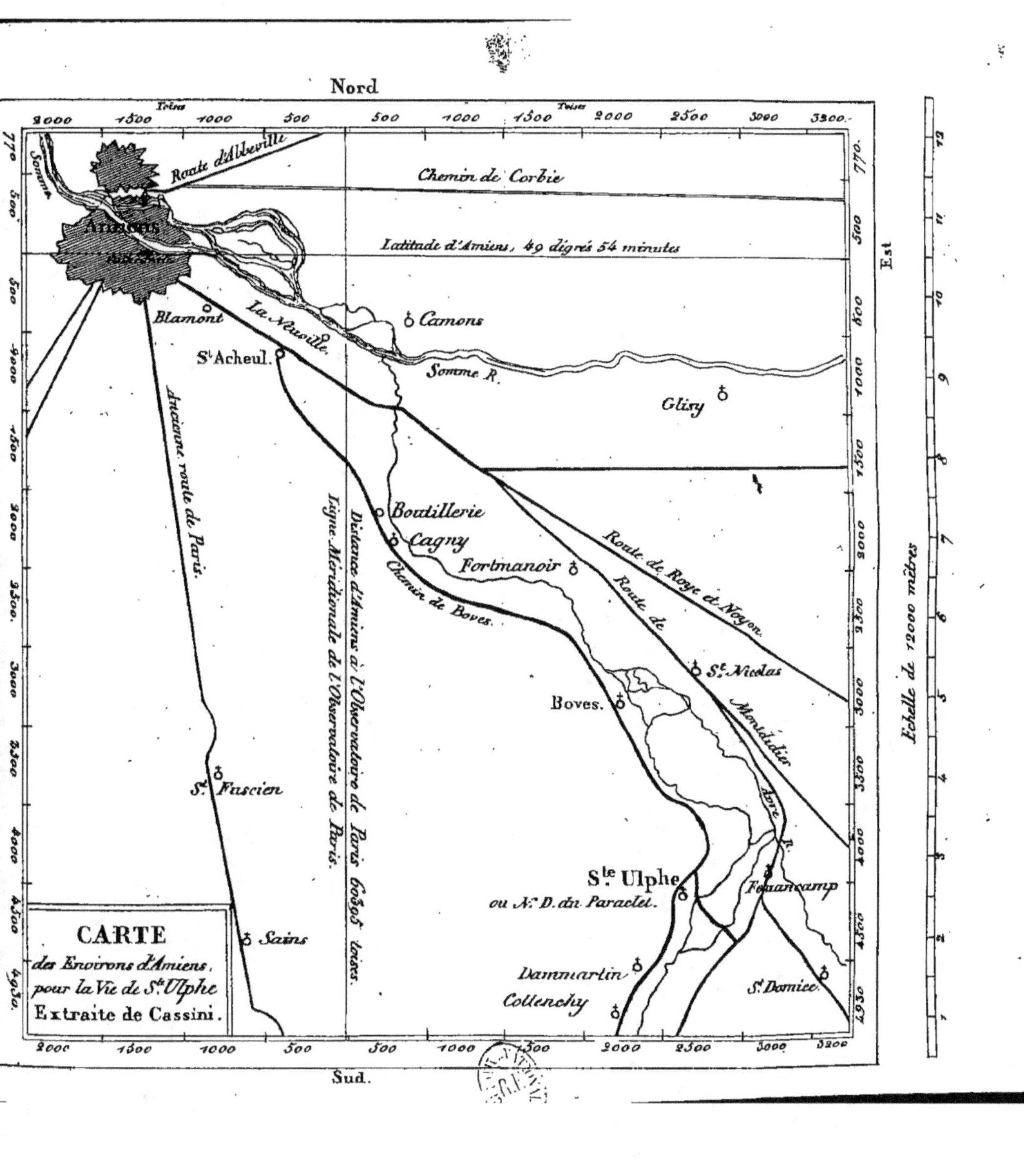

Nord
Est
Sud.
Toises
Toises
2000 1500 1000 500 500 1000 1500 2000 2500 3000 3300.
770
500
500
1000
1500
2000
2500
3000
3500
4000
4500
4930.
770
500
600
1000
1500
2000
2500
3000
3500
4000
4500
4930.
Route d'Abbeville
Chemin de Corbie
Latitude d'Amiens, 49 degrés 54 minutes
Amiens
Somme
Somme
Blamont
St Acheul.
La Neuville
Camons
Somme R.
Glisy
Ancienne route de Paris.
Boutillerie
Cagny
Fortmanoir
Chemin de Boves.
Route de Roye et Noyon.
Route de
St Nicolas
Montdidier
St Fuscien
Distance d'Amiens à l'Observatoire de Paris 60801 toises
Ligne Méridionale de l'Observatoire de Paris.
Boves.
Avre R.
Ste Ulphe
ou N. D. du Paraclet.
Fouencamp
Sains
Dammartin
Collenchy
St Domice.
Echelle de 12000 mètres
CARTE
des Environs d'Amiens,
pour la Vie de St Ulphe
Extraite de Cassini.

» Festina : quæsitam
» Tantis agonibus
» Suscipe lauream.

Lentè. SALVE flos vallium,
Nostra spes, gloria !
Te turma virginum,
Prætendens lilia,
Salutat sociam ;
Ovantem Maria
Expectat filiam.

HANC tibi cognitam
Nunc gentem respice :
De novo deditam
Benigna suscipe !
Antiqua pietas,
Te, regnet, auspice,
Regnet et castitas.
 Amen.

» poux appelle, hâtez-vous ;
» venez recevoir de ses mains
» la couronne qu'il vous pré-
» pare et que vous avez mé-
» ritée. »

SALUT, ô vous la fleur des vallées, vous notre espérance, notre gloire. Voici la troupe des vierges qui, le lys à la main, vous salue comme leur nouvelle compagne : Marie vous attend comme sa fille triomphante.

DAIGNEZ, ô puissante protectrice, daignez abaisser vos regards sur un peuple qui vous est connu. Soyez encore son appui, lorsqu'il se consacre de nouveau à votre service. Ah ! puisse l'antique piété, puisse l'aimable innocence refleurir sous vos auspices !

Ainsi soit-il.

ÉVANGILE

Sequentia sancti Evangelii secundùm Matthæum.

IN illo tempore : Dixit Jesus discipulis suis : Simile erit regnum cœlorum decem virginibus, quæ accipientes lampades suas, exierunt obviam sponso et sponsæ. Quinque autem ex eis erant fatuæ, et quinque prudentes. Sed quinque fatuæ, acceptis lampadibus, non sumpserunt oleum secum ; prudentes verò acceperunt oleum in vasis suis cum lampadibus. Moram autem faciente sponso,

Selon saint Mathieu.

EN ce temps-là, Jésus proposa à ses disciples cette parabole : le royaume des cieux est semblable à dix vierges qui prirent chacune leurs lampes, pour aller au-devant de l'époux et de l'épouse. Parmi ces dix vierges, il y en avait cinq folles et cinq sages. Or, les cinq vierges folles prirent leurs lampes sans songer à se pourvoir d'huile. Pour les vierges sages elles n'ou-

14

blièrent pas, en prenant leurs lampes de prendre de l'huile avec elles. Comme l'époux tardait à venir, elles s'assoupirent toutes et s'endormirent. Mais au milieu de la nuit un cri se fit entendre : Voici l'époux qui arrive, allez au-devant de lui. A l'instant toutes ces vierges se levèrent et se mirent en devoir de garnir leurs lampes. Les vierges folles dirent aux vierges sages ; donnez-nous de votre huile ; car voici nos lampes qui s'éteignent. les vierges sages répondirent : de peur que notre provision ne suffise ni à nous ni à vous, allez plutôt chez les marchands, et achetez l'huile qui vous est nécessaire. Pendant qu'elles étaient parties pour faire leur emplette l'époux arriva et les vierges qui étaient prêtes entrèrent avec lui dans la salle des noces, et la porte fut fermée. A la fin les autres arrivèrent aussi et se mirent à dire : Seigneur, Seigneur, ouvrez-nous ; mais l'époux répondit : je ne vous connais pas. Veillez donc, puisque vous ne savez ni le jour, ni l'heure.

dormitaverunt omnes, et dormierunt. Mediâ autem nocte clamor factus est : Ecce sponsus venit ; exite obviâm ei. Tunc surrexerunt omnes virgines illæ, et ornaverunt lampades suas. Fatuæ autem sapientibus dixerunt : Date nobis de oleo vestro, quia lampades nostræ extinguuntur. Responderunt prudentes, dicentes : ne forté non sufficiat nobis et vobis, ite potiùs ad vendentes, et emite vobis. Dùm autem irent emere, venit sponsus ; et quæ paratæ erant, intraverunt cum eo ad nuptias, et clausa est janua. Novissimè verò veniunt et reliquæ virgines, dicentes : Domine, Domine, aperi nobis. At ille respondens, ait : Amen dico vobis, Nescio vos. Vigilate itaque ; quia nescitis diem neque horam.

Credo.

A L'OFFERTOIRE.

Vous êtes la gloire de Jérusalem, la joie d'Israël et l'ornement de votre peuple. Votre cœur a été rempli de force, parce que la chasteté

Tu gloria Jerusalem, tu lætitia Israel, tu honorificentia populi tui..... Confortatum est cor tuum eò quod castitatem amaveris, et ideò eris benedicta in æternum. Alleluia. (*Judith.* 15.)

a fait vos délices. C'est pour cela que vous serez éternellement bénie. *Réjouissez-vous.*

SECRÈTE.

Summe Deus, qui Beatæ Ulphiæ virgini eam animi fortitudinem tribuisti, ut se majestati tuæ hostiam viventem offerret, suscipe dona quæ in ejus festivitate altari tuo deferimus ; præsta, quæsumus, ut ipsius suffragantibus meritis, nos nostraque ad gloriam nominis tui jugiter immolantes cœlestis mensæ capaces efficiamur. Per Dominum...

O Dieu suprême, qui avez accordé à la Bienheureuse Vierge sainte Ulphe, cet esprit de force qui en fit une hostie vivante consumée en l'honneur de votre majesté, daignez recevoir les dons que nous présentons à votre autel, en cette solennité, et faites, qu'en vertu de ses mérites, toujours prêts à sacrifier nos personnes et nos biens à la gloire de votre nom, nous méritions de participer au divin banquet. Par Notre-Seigneur.

PRÉFACE.

Verè dignum et justum est, æquum et salutare, nos tibi semper et ubiquè gratias agere, Domine sancte, Pater omnipotens, æterne Deus, per Christum Dominum nostrum, Qui ideo nos Sanctorum tuorum solemnitatibus frequenter exerces ; ut devotione continuà excites ad profectum, et fragilitatem nostram piis intercessoribus benignus attollas ; et quæ propriis non meremur operibus, tibi placitis suffragatoribus impetremus. Et ideo cum Angelis et Archangelis, cum Thronis et Dominationibus, cùmque omni militià cœlestis exercitûs hymnum gloriæ tuæ canimus, sine fine dicentes.

COMMUNION.

Quid Domini bonum est, et quid pulchrum ejus, nisi frumentum electorum et vinum germinans virgines? alleluia. (*Zach.* 9.

Qu'y a-t-il d'excellent, qu'y a-t-il de beau dans les œuvres du Seigneur, sinon le froment des Élus et le vin qui fait germer les Vierges ! Réjouissons-nous.

POSTCOMMUNION.

Rassasiés du Sacrement qui donne la vie, nous vous supplions, Dieu de majesté et de miséricorde, de faire, qu'à l'exemple et par l'intercession de la Bienheureuse Vierge Ulphe, nous puisions sans cesse dans cette source ineffable des célestes trésors, un aiguillon de piété, un accroissement de charité, un rempart d'innocence et un gage d'immortalité. Par Notre-Seigneur.

Vitalibus refecti sacramentis, te supplices exoramus misericors et summe Deus, ut ad exemplum et per intercessionem Beatæ Ulphiæ Virginis, ex hoc ineffabili cœlestium bonorum fonte, perpetuum hauriamus pietatis incitamentum, caritatis augmentum, innocentiæ testamentum et pignus immortalitatis. Per Dom...

AUX II. VÊPRES.

Ant. Qui me donnera les ailes de la colombe; je prendrai mon vol et j'irai chercher un lieu de repos? et voilà que j'ai pris la fuite vers des contrées lointaines; et je me suis fixée dans la solitude.

Ant. Quis dabit mihi pennas sicut columbæ et volabo et requiescam? Ecce elongavi fugiens, et mansi in solitudine. (*Ps.* 54.

PSAUME 109.

Dixit Dominus Domino meo : * sede à dextris meis.

Donec ponam inimicos tuos, * scabellum pedum tuorum.

Virgam virtutis tuæ emittet Dominus ex Sion, * dominare in medio inimicorum tuorum.

Tecum principium in die virtutis tuæ, in splendoribus sanctorum : * ex utero ante luciferum genui te.

Juravit Dominus, et non pœnitebit eum, * tu es Sacerdos in æternum secundùm ordinem Melchisedech.

Dominus a dextris tuis, * confregit in die iræ suæ reges.

Judicabit in nationibus, implebit ruinas, * conquassabit capita in terrâ multorum.

De torrente in viâ bibet : * propterea exaltabit caput.

Gloria Patri.

Ant. Existimo omnia detrimentum esse propter eminentem scientiam Jesu-Christi Domini mei, propter quem omnia detrimentum feci. (*Phil.* 3. 8.

Ant. A mes yeux tout est perte et dommage, en comparaison de la science suréminente de Jésus-Christ, mon souverain Maître, pour l'amour duquel j'ai tout sacrifié.

PSAUME 112.

Laudate, pueri, Dominum: * laudate nomen Domini.

Sit nomen Domini benedictum : *, ex hoc nunc et usquè in sæculum.

A solis ortu usque ad occasum : * laudabile nomen Domini.

Excelsus super omnes gentes Dominus, * et super cœlos gloria ejus.

Quis sicut Dominus Deus noster, qui in altis habitat ; * et humilia respicit in cœlo et in terra ?

Suscitans à terra inopem : * et de stercore erigens pauperem ;

Ut collocet eum cum principibus, * cum principibus populi sui.

Qui habitare facit sterilem in domo ; * matrem filiorum lætantem. Gloria.

Ant. Dirupisti, Domine, vincula mea ; tibi sacrificabo hostiam laudis. (*Ps.* 115.)

Ant. Seigneur, vous avez brisé les liens qui m'attachaient au monde, je vous offrirai un sacrifice de louanges.

PSAUME 115.

Credidi propter quod locutus sum, * ego autem humiliatus sum nimis.

Ego dixi in excessu meo : * omnis homo mendax.

Quid retribuam Domino * pro omnibus, quæ retribuit mihi.

Calicem salutaris accipiam * et nomen Domini invocabo.

Vota mea Domino reddam coràm omni populo ejus ; * pretiosa in conspectu Domini mors sanctorum ejus:

O Domine, quia ego servus tuus * ego servus tuus, et filius ancillæ tuæ.

Dirupisti vincula mea * tibi sacrificabo hostiam laudis, et nomen Domini invocabo.

Vota mea Domino reddam in conspectu omnis populi ejus, * in atriis domûs Domini, in medio tui Jerusalem. Gloria.

Ant. Je me suis reposée à l'ombre de celui qui était l'objet de tous mes désirs; le fruit qu'il me fait goûter, est doux à mon palais.

Ant. Sub umbrâ illius quem desideraveram, sedi; et fructus ejus dulcis gutturi meo. (*Cant.* 2.)

PSAUME 147.

Lauda, Jerusalem, Dominum : * lauda Deum tuum, Sion.

Quoniam confortavit seras portarum tuarum : * benedixit filiis tuis in te.

Qui posuit fines tuos pacem : * et adipe frumenti satiat te.

Qui emittit eloquium suum terræ : * velociter currit sermo ejus.

Qui dat nivem sicut lanam : * nebulam sicut cinerem spargit.

Mittit crystallum suum sicut buccellas, * ante faciem frigoris ejus quis sustinebit ?

Emittet verbum suum, et liquefaciet ea : * flabit spiritus ejus, et fluent aquæ.

Qui annuntiat verbum suum Jacob , * justitias et judicia sua Israel.

Non fecit taliter omni nationi : * et judicia sua non manifestavit eis.

Gloria.

Ant. Le passereau sait se trouver une demeure ; et la tourterelle prépare un nid pour ses petits. Vos autels, ô Dieu des Vertus , voilà le lieu de ma retraite.

Ant. Passer invenit sibi domum , et turtur nidum sibi ubi ponat pullos suos; altaria tua Domine virtutum. (*Ps* 83.)

PSAUME 83.

Quam dilecta tabernacula tua , Domine virtutum ! * concupiscit et deficit anima mea in atria Domini.

Cor meum et caro mea * exultaverunt in Deum vivum.

Etenim passer invenit sibi domum, * et turtur nidum sibi, ubi ponat pullos suos.

Altaria tua, Domine virtutum, * Rex meus, et Deus meus.

Beati qui habitant in domo tuâ, Domine : * in sæcula sæculorum laudabunt te.

Beatus vir, cujus est auxilium abs te : * ascensiones in corde suo disposuit, in valle lacrymarum in loco quem posuit.

Etenim benedictionem dabit legislator, ibunt de virtute in virtutem : * videbitur Deus deorum in Sion.

Domine Deus virtutum, exaudi orationem meam : * auribus percipe, Deus Jacob.

Protector noster aspice, Deus : * et respice in faciem Christi tui.

Quià melior est dies una in atriis tuis * super millia.

Elegi abjectus esse in domo Dei mei, * magis quàm habitare in tabernaculis peccatorum.

Quia misericordiam et veritatem diligit Deus : * gratiam et gloriam dabit Dominus.

Non privabit bonis eos qui ambulant in innocentiâ : * Domine virtutum, beatus homo qui sperat in te.

Gloria Patri.

CAPITULE. (*Philip*. 4.

Quæcumque pudica, quæcumque sancta, quæcumque amabilia, quæcumque bonæ famæ : si qua virtus, si qua laus disciplinæ, hæc cogitate : quæ et didicistis, et vidistis in me, hæc agite; et Deus pacis erit vobiscum.

Deo gratias.

Que tout ce qui est chaste, tout ce qui est pur, tout ce qui peut rendre aimable et donner de l'édification; tout ce qui est vertueux, tout ce qui est digne d'éloge dans le réglement des mœurs, soit l'entretien de vos pensées. Ce que vous avez appris et que l'on vous a enseigné, ce que vous avez entendu raconter de moi, ce que vous avez pu remarquer dans mes exemples, mettez-le en pratique, et le Dieu de la paix sera avec vous.

R. Rendons grâces à Dieu.

HYMNE.

Pange, lingua, gloriosæ
Ulphiæ præconia :
Dic virginis generosæ
Virtutes et prælia :
Quot, zelo pudicitiæ,
Fecit, tulit fortia.

Chantez, ma langue, l'éloge de la glorieuse sainte Ulphe; racontez les vertus et les combats de cette vierge généreuse; dites ce qu'elle a fait et souffert d'héroïque par amour de la virginité.

Parvenue à la fleur de l'âge, sainte Ulphe, ornée des dons les plus rares, embrasée de l'amour divin, se consacre incontinent à Jésus-Christ ; et sa foi une fois donnée, jamais dans la suite elle ne violera ce qu'elle a promis.

In primævâ juventute
 Donis florens Ulphia
Summâ flagrans caritate
 Christo se dat impigra
Et promissâ semel fide
 Non recedet posteâ.

Le cœur pur et innocent de notre Sainte se soulève d'horreur, à la pensée d'un engagement profane. Elle n'est pas plus ébranlée des menaces de ses parents que de leurs larmes. Elle afflige, sans pitié, son corps délicat, et ajoute à ses austérités de ferventes prières.

Divæ cor intemeratum
 Horrens sæcli nuptias ;
Minas despicit parentûm,
 Despicit et lacrymas ;
Corpus cædit delicatum :
 Preces addit fervidas.

Après cette noble victoire, ô courageuse Vierge, vous craignez encore le péril. C'est pourquoi armée de l'étendard de la Croix, vous cherchez des lieux inconnus.

Tam nobilem post trium-
            (phum
 O Virgo fortis Ulphia,
Times adhuc periculum :
 Et procul a patriâ,
Crucis amplexa vexillum,
 Loca quæris invia.

Cachée dans les sombres retraites des forêts, vous menez une vie angélique. Impitoyable envers vous-même, vous déchirez une chair qui n'est point coupable et la tourmentez cruellement : et nous qui méritons tant de châtiments, à peine demandons-nous pardon de nos fautes.

Inter sylvarum latebras,
 Vitam ducis cœlicam
Immitis carnem cruentas
 Et torques innoxiam.
Nos qui tot meremur pænas,
 Vix precamur veniam.

Gloire éternelle soit au Père et au Fils, même gloire au St.-Esprit ; lien d'amour qui unit le Père et le Fils ;

Sit perennis laus Parenti ;
 Sit perennis Filio ;
Ab utroque procedenti
 Sit æqua paraclito,

Per quem virtus in imbelli
  Tanta fulsit animo.
  Amen.
℣. Anima mea Domino vivet ;
℟. Et semen meum serviet ipsi. *Ps.* 21.

Ant. Gaudeamus et exultemus , et demus gloriam Deo omnipotenti ; quia venerunt nuptiæ agni , et uxor ejus præparavit se. Beati qui ad cœnam nuptiarum agni vocati sunt ! Alleluia. (*Apoc.* 19.)

par qui tant de vertu brille dans le sexe le plus faible
  Ainsi soit-il.
℣. Mon âme vivra pour le Seigneur ;
℟. Et ma race le servira fidèlement.

Ant. Réjouissons-nous : tressaillons d'allégresse et rendons gloire au Dieu tout-puissant ; parce que le jour des noces de l'Agneau est arrivé et que celle qui lui est destinée pour épouse, a fait tous ses préparatifs. Heureux ceux qui sont appelés au souper de noces de l'Agneau.

CANTIQUE DE LA SAINTE VIERGE.

Magnificat * anima mea Dominum,

Et exultavit spiritus meus, * in Deo salutari meo.

Quia respexit humilitatem ancillæ suæ ; * eccè enim ex hoc beatam me dicent omnes generationes.

Quià fecit mihi magna, qui potens est ; * et sanctum nomen ejus.

Et misericordia ejus à progenie in progenies, * timentibus eum.

Fecit potentiam in brachio suo : * dispersit superbos mente cordis sui.

Deposuit potentes de sede ; * et exaltavit humiles.

Esurientes implevit bonis ; * et divites dimisit inanes.

Suscepit Israel puerum suum , * recordatus misericordiæ suæ.

Sicut locutus est ad patres nostros, * Abraham et semini ejus in sæcula.

Comme aux I. Vêpres.

A COMPLIES.

℣. Converte nos, Deus, salutaris noster ;

℟. Et averte iram tuam à nobis.

℣. Faites-nous retourner à vous, ô Dieu qui êtes notre salut ;

℟. Et détournez votre colère de dessus nous.

v. Mon Dieu, venez à mon secours, etc.

v. Deus in adjutorium, etc.

PSAUME 4.

Ant. Ego flos campi...

Cum invocarem, exaudivit me Deus justitiæ meæ : * in tribulatione dilatasti mihi.

Miserere mei, * et exaudi orationem meam.

Filii hominum, usquequo gravi corde? * ut quid diligitis vanitatem, et quæritis mendacium?

Et scitote quoniam mirificavit Dominus Sanctum suum : * Dominus exaudiet me, cùm clamavero ad eum.

Irascimini et nolite peccare : * quæ dicitis in cordibus vestris, in cubilibus vestris compungimini.

Sacrificate sacrificium justitiæ et sperate in Domino : * multi dicunt : Quis ostendit nobis bona?

Signatum est super nos lumen vultûs tui, Domine : * dedisti lætitiam in corde meo.

A fructu frumenti, vini et olei sui, * multiplicati sunt.

In pace in idipsum, * dormiam et requiescam.

Quoniam tu, Domine, singulariter in spe, * constituisti me. Gloria.

PSAUME 90.

Qui habitat in adjutorio Altissimi, * in protectione Dei cœli commorabitur.

Dicet Domino : Susceptor meus es tu, et refugium meum : * Deus meus, sperabo in eum.

Quoniam ipse liberavit me de laqueo venantium, * et à verbo aspero.

Scapulis suis obumbrabit tibi; * et sub pennis ejus sperabis.

Scuto circumdabit te veritas ejus : * non timebis à timore nocturno.

A sagittâ volante in die, à negotio perambulante in tenebris, * ab incursu et dæmonio meridiano.

Cadent à latere tuo mille et decem millia à dextris tuis; * ad te autem non appropinquabit.

Verumtamen oculis tuis considerabis; * et retributionem peccatorum videbis.

Quoniam tu es, Domine, spes mea : * altissimum posuisti refugium tuum.

Non accedet ad te malum; * et flagellum non appropinquabit tabernaculo tuo.

Quoniam Angelis suis mandavit de te; * ut custodiant te in omnibus viis tuis.

In manibus portabunt te; *ne forte offendas ad lapidem pedem tuum.

Super aspidem et basiliscum ambulabis; * et conculcabis leonem et draconem.

Quoniam in me speravit, liberabo eum : * protegam eum, quoniam cognovit nomen meum.

Clamabit ad me, et ego exaudiam eum; * cum ipso sum in tribulatione; eripiam eum, et glorificabo eum.

Longitudine dierum replebo eum; * et ostendam illi salutare meum.

PSAUME 133.

Ecce nunc benedicite Dominum, * omnes servi Domini.

Qui statis in domo Domini, * in atriis domûs Dei nostri.

In noctibus extollite manus vestras in Sancta; * et benedicite Dominum.

Benedicat te Dominus ex Sion, * qui fecit cœlum et terram.

Ant. Ego flos campi et lilium convallium; sicut lilium inter spinas. (*Cant.* 2.)

Hymne QUID, Christe, *comme la veille.*

R *bref.* In manus tuas, Domine, * Commendo spiritum meum. R. In manus. V. Redemisti me, Domine, Deus veritatis. * Commendo. Gloria Patri. R. In manus.

V. Custodi me, Domine, ut pupillam oculi;

R. Sub umbrâ alarum tuarum protege me.

CANTIQUE DE SAINT SIMÉON.

Ant. Veni de Libano.

Nunc dimittis servum tuum, Domine, * secundum verbum tuum in pace.

Quia viderunt oculi mei * salutare tuum.

Quod parasti, * ante faciem omnium populorum.

Lumen ad revelationem gentium, * et gloriam plebis tuæ Israel.

Ant. Veni de Libano sponsa mea; veni de Libano; veni, coronaberis. (*Cant.* 4.)

POUR LE TEMPS PASCAL.

Ant. Alleluia. Hiems transiit, imber abiit; alleluia.

Surge, amica mea, et veni. Alleluia, alleluia. (*Cant.* 2.)

ORAISON.

Domine Jesu, Virginum cus-|conversari in sæculo, ut ti-
tos, qui Beatæ Ulphiæ vitam|bi placeamus in terris, et
non tulisti, sed mutasti in me-|cum eâdem coronari me-
liùs; fac nos, ipsâ interce-|reamur in cœlis. Qui vivis
dente, ità piè, justè et sobriè,|et regnas...

AU SALUT.

v. Mon Dieu, venez à mon | v. Deus in adjutorium,
secours, etc. | etc.

Tantum ergo... *ou tout autre Hymne au St.-Sacrement, après quoi on chante le répons suivant.*

n. Je suis la fleur des | n. Ego flos campi et lilium
champs et le lys des vallons; | convallium; sicut lilium in-
je suis comme le lys au mi- | ter spinas. En dilectus meus
lieu des épines. Voici l'époux | loquitur mihi : * Surge,
qui me parle et qui me dit : | propera, amica mea, colum-
Lève-toi, ma bien-aimée; | ba mea, et veni. v. Audivi
hâte-toi, ma colombe et | vocem de throno dicentem :
viens. v. J'ai entendu une | mors ultrà non erit, neque
voix qui partait du trône et | luctus, neque clamor neque
qui m'a dit: La mort n'aura | dolor erit ultrà. * Surge,
plus d'empire; c'en est fait : | propera. Gloria Patri... Ego
plus de deuil, plus de cri de | flos campi. (*Cant.* 2. *Apoc.*
douleur, plus de souffrance. | 21.)
Lève-toi, ma bien-aimée...
Gloire au Père... Je suis la
fleur des champs.

Prose Ulphiæ gloriam, *comme à la Messe.*

APRÈS LA PROSE.

v. Bienheureux, Seigneur, | ⍩. Beati qui habitant in
ceux qui habitent votre mai- | domo tuâ, Domine;
son.

n. Ils vous loueront dans | ℞. In sæcula sæculorum
les siècles des siècles. | laudabunt te.

Oraison des Complies, Domine Jesu... *ci-dessus.*

PETIT OFFICE

EN L'HONNEUR DE SAINTE ULPHE.

Ce petit Office est à dévotion. On peut le réciter dans les neuvaines en l'honneur de sainte Ulphe; ainsi que quand on désire obtenir quelque grâce spéciale par son intercession. On recommande aux personnes de la Confrérie de sainte Ulphe, de le dire au moins une fois par mois, soit en commun, soit en particulier.

A MATINES.

v. Deus præcinxit me virtute;

r. Et posuit immaculatam viam meam. *Ps.* 17.

v. Domine, labia mea aperies.

r. Et os meum annuntiabit laudem tuam.

v. Deus, in adjutorium meum intende;

r. Domine, ad adjuvandum me festina.

v. Gloria Patri, et Filio, et Spiritui Sancto:

r. Sicut erat in principio et nunc et semper et in sæ-

v. Dieu m'a revêtu de force;

r. Et il m'a fait marcher par une voie pure et sans tache.

v. Seigneur, vous ouvrirez mes lèvres;

r. Et ma bouche publiera vos louanges.

v. Mon Dieu venez à mon secours.

r. Seigneur, hâtez-vous de me secourir.

v. Gloire au Père, au Fils et au St. Esprit;

r. Tel qu'il était au commencement, maintenant et

14**

toujours, et dans tous les siècles des siècles. Ainsi soit-il. Réjouissez-vous.

cula sæculorum. Amen. Alleluia.

Soyez loué roi de la gloire éternelle.

Laus tibi, Domine, rex æternæ gloriæ.

HYMNE.

CHANTEZ, ma langue, l'éloge de la glorieuse sainte Ulphe; racontez les vertus et les combats de cette vierge généreuse; dites ce qu'elle a fait et souffert d'héroïque, par amour de la virginité.

PANGE lingua gloriosæ
 Ulphiæ præconia;
Dic virginis generosæ:
 Virtutes et prælia,
Quot, zelo pudicitiæ
 Fecit, tulit fortia!

Ant. Je te prendrai pour mon épouse à jamais; et tu seras mon épouse dans la justice et l'équité, dans la grâce et la miséricorde.

Ant. Sponsabo te mihi in sempiternum, et sponsabo te mihi in justitiâ et judicio; et in misericordiâ et in miserationibus. *Osée* 2. 19.

v. Priez pour nous, sainte Ulphe;

r. Afin que nous soyons rendus dignes des promesses de Jésus-Christ.

v. Seigneur exaucez ma prière,

r. Que mes cris montent vers vous.

v. Ora pro nobis, sancta Ulphia;

r. Ut digni efficiamur promissionibus Christi.

v. Domine, exaudi orationem meam.

r. Et clamor meus ad te veniat.

ORAISON.

FAITES Seigneur que nous trouvions notre appui et notre défense dans la protection de la glorieuse vierge sainte Ulphe; afin que nous, qui avons recours à son intercession dans nos besoins, nous éprouvions les effets salutaires de son crédit. Par Notre-Seigneur Jésus-

INTERCESSIO nos quæsumus, Domine, beatæ Ulphiæ virginis adjuvet et muniat, ut qui ejus patrocinium in necessitatibus nostris imploramus, salutarem ejus defensionis sentiamus effectum; Per Dominum nostrum Jesum Christum Filium tuum. Qui vivit et regnat in unitate Spiritûs Sancti Deus ; Per omnia sæcula sæculorum. Amen.

℣. Domine, exaudi orationem meam ;

℟. Et clamor meus ad te veniat.

℣. Benedicamus Domino ;

℟. Deo gratias.

Fidelium animæ per misericordiam Dei requiescant in pace. Amen.

Christ votre Fils, qui vit et règne avec vous dans l'unité du St.-Esprit ; dans tous les siècles des siècles. Ainsi soit-il.

℣. Seigneur, exaucez ma prière ;

℟. Que mes cris montent vers vous.

℣. Bénissons le Seigneur ;

℟. Rendons grâces à Dieu.

Que les âmes des fidèles qui sont morts, par la miséricorde de Dieu, reposent en paix. Ainsi soit-il.

A PRIME.

℣. Deus præcinxit me virtute.

℟. Et posuit immaculatam viam meam.

℣. Deus in adjutorium, etc.

℣. Dieu m'a revêtu de force ;

℟. Et il m'a fait marcher par une voie pure et sans tache.

℣. Mon Dieu, venez à mon secours, etc.

HYMNE.

In primævâ juventute
Donis florens Ulphia ;
Summâ flagrans caritate
Christo se dat impigrâ ;
Et promissâ semel fide
Non recedet posteà.

Parvenue à la fleur de l'âge, sainte Ulphe, ornée des dons les plus rares, embrasée de l'amour divin, se consacre incontinent à Jésus-Christ ; et sa foi une fois donnée, jamais dans la suite elle ne violera ce qu'elle a promis.

Ant. Cùm adhùc junior essem, quæsivi sapientiam in oratione meâ. Antè templum postulabam pro eâ, et usquè in novissimis inquiram eam ; et effloruit tanquàm præcox uva.....

Ant. Lorsque j'étais encore très-jeune, j'ai recherché la vraie sagesse ; je l'ai demandée dans les ardentes prières que j'offrais au Seigneur, aux pieds de ses autels. Jusqu'à la fin de ma carrière elle fera l'objet de mes vœux; elle a fleuri pour moi comme une grappe de raisin précoce. A celui qui m'a fait le don de la sagesse, je rendrai un tribut de gloire.

Danti mihi sapientiam dabo gloriam. (*Eccl.* 51.)

℣. Priez pour nous, sainte Ulphe,

℣. Ora pro nobis, sancta Ulphia,

℞. Afin que nous soyons rendus dignes des promesses de Jésus-Christ.

℞. Ut digni efficiamur promissionibus Christi.

℣. Seigneur, exaucez, etc.

℣. Domine, exaudi, etc.

L'Oraison comme ci-dessus à Matines.

A TIERCE.

℣. Dieu m'a revêtu de force;

℣. Deus præcinxit me virtute.

℞. Et il m'a fait marcher par une voie pure et sans tache.

℞. Et posuit immaculatam viam meam.

℣. Mon Dieu, venez à mon secours, etc.

℣. Deus in adjutorium, etc.

HYMNE.

Le cœur pur et innocent de notre Sainte se soulève d'horreur à la pensée d'un engagement profane. Elle n'est pas plus ébranlée des menaces de ses parens que de leurs larmes. Elle afflige, sans pitié, son corps délicat, et ajoute à ses austérités de ferventes prières.

Divæ cor intemeratum
Horrens sæcli nuptias
Minas despicit parentûm
Despicit et lacrymas ;
Corpus cædit delicatum ;
Preces addit fervidas.

Ant. O qu'elle est belle, qu'elle a d'éclat, la race des âmes pudiques! sa mémoire est immortelle : elle est en honneur et devant Dieu et devant les hommes.

Ant. O quam pulchra est casta generatio cum claritate! immortalis est enim memoria illius : quoniam et apud Deum nota est et apud homines. (*Sap.* 4. 1.)

v. Ora pro nobis, sancta Ulphia ,

r. Ut digni efficiamur promissionibus Christi.

v. Domine, exaudi, etc.

L'Oraison comme ci-dessus à Matines.

v. Priez pour nous, sainte Ulphē,

r. Afin que nous soyons rendus dignes des promesses de Jésus-Christ.

v. Seigneur, exaucez, etc.

A SEXTE.

v. Deus præcinxit me virtute.

r. Et posuit immaculatem viam meam.

v. Deus, in adjutorium, etc.

v. Dieu m'a revêtu de force;

r. Et il m'a fait marcher par une voie pure et sans tache.

v. Mon Dieu, venez à mon secours, etc.

HYMNE.

Tam nobilem post trium-
(phum,
O Virgo fortis Ulphia ,
Times adhuc periculum;
Et procul à patriâ ,
Crucis amplexa vexillum ,
Loca quæris invia.
Ant. Quis dabit mihi pennas ut columbæ, et volabo et requiescam? Ecce elongavi fugiens, et mansi in solitudine. (*Ps.* 54.)

Après cette noble victoire, ô courageuse Vierge, vous craignez encore le péril. C'est pourquoi armée de l'étendard de la Croix , vous cherchez des lieux inconnus.

Ant. Qui me donnera les ailes de la colombe, je prendrai mon essor et j'irai chercher un lieu de repos? Voilà que j'ai pris la fuite, et je me suis fixé dans la solitude.

v. Ora pro nobis, sancta Ulphia ,

r. Ut digni efficiamur promissionibus Christi.

v. Domine, exaudi, etc.

L'Oraison comme ci-dessus à Matines.

v. Priez pour nous, sainte Ulphe ,

r. Afin que nous soyons rendus dignes des promesses de Jésus-Christ.

v. Seigneur, exaucez, etc.

A NONE.

v. Dieu m'a revêtu de force;

r. Et il m'a fait marcher par une voie pure et sans tache.

v. Mon Dieu, venez à mon secours, etc.

v. Deus præcinxit me virtute ;

r. Et posuit immaculatam viam meam.

v. Deus, in adjutorium, etc.

HYMNE.

CACHÉE dans les sombres retraites des forêts, vous menez une vie angélique. Impitoyable envers vous-même, vous déchirez une chair qui n'est point coupable et la tourmentez cruellement : et nous qui méritons tant de châtimens, à peine demandons nous pardon de nos excès.

Ant. Tous ceux qui combattent dans l'arène, s'imposent toutes sortes de privations, dans la vue d'une couronne périssable ; mais celle que nous attendons est incorruptible. Voilà pourquoi je combats, non comme un athlète qui frappe l'air, mais je châtie mon corps et le réduis en servitude.

v. Priez pour nous, sainte Ulphe.

r. Afin que nous soyons rendus dignes des promesses Jésus-Christ.

v. Seigneur exaucez, etc.

INTER sylvarum latebras,
Vitam ducis cœlicam ;
Immitis carnem cruentas
Et torques innoxiam ;
Nos qui tot meremur pœnas
Vix precamur veniam.

Ant. Omnis qui in agone contendit, ab omnibus se abstinet : illi quidem ut corruptibilem coronam accipiant, nos autem incorruptam. Ego igitur sic pugno, non quasi aerem verberans, sed castigo corpus meum et in servitutem rédigo. 1. *Cor.* 9.

℣. Ora pro nobis, sancta Ulphia ;

℟. Ut digni efficiamur promissionibus Christi.

℣. Domine exaudi, etc.

L'Oraison comme ci-dessus à Matines.

A VÊPRES.

℣. Deus præcinxit me virtute ;

℟. Et posuit immaculatam viam meam.

℣. Deus in adjutorium, etc.

℣. Dieu m'a revêtu de force ;

℟. Et il m'a fait marcher par une voie pure et sans tache.

℣. Mon Dieu venez à mon secours, etc.

HYMNE.

Nox, imber, nil te retardat,
  Sacra petentem atria.
Quando nos mundus invitat
  Nulla tunc inertia
At nos Deus si compellat,
  Qualis heu ! socordia !

L'obscurité de la nuit, les rigueurs de la saison, rien ne peut vous arrêter quand il s'agit de vous rendre dans les sacrés parvis. Et nous, dès que le monde nous invite à ses fêtes, plus de paresse, mais si c'est Dieu qui nous appelle, quel engourdissement nous saisit !

Ant. Anticipaverunt vigilias oculi mei, et meditata sum nocte cum corde meo ; et exercitabar et scopebam spiritum meum. (*Ps.* 76.)

Ant. Mes yeux ont devancé le lever de l'aurore. J'ai profité des ténèbres de la nuit pour rentrer profondément en moi-même : c'est alors que je purifiais mon âme de ses imperfections.

v. Ora pro nobis, sancta Ulphia ;

℟. Ut digni efficiamur promissionibus Christi.

v. Priez pour nous, sainte Ulphe ;

℟. Afin que nous soyons rendus dignes des promesses de Jésus-Christ.

v. Domine exaudi, etc.

v. Seigneur exaucez, etc.

L'Oraison comme ci-dessus à Matines.

A COMPLIES.

v. Deus præcinxit me virtute ;

℟. Et posuit immaculatam viam meam.

v. Dieu m'a revêtu de force ;

℟. Et il m'a fait marcher par une voie pure et sans tache.

v. Convertissez-nous, Seigneur, vous qui êtes notre salut;

r. Et détournez de nous votre colère.

v. Mon Dieu, venez à mon secours, etc.

v. Converte nos, Deus, salutaris noster;

r. Et averte iram tuam a nobis.

v. Deus in adjutorium, etc.

HYMNE.

Il est enfin arrivé ce jour si désiré; le temps des épreuves et des souffrances est passé; Un repos éternel vous attend. O vous chaste Epouse de Jésus-Christ, vous, notre espoir, notre amour, jetez les yeux sur des âmes qui vous sont dévouées et ne cessez jamais de vous souvenir de nous.

Ant. L'hiver est passé, le temps des frimats a disparu; levez-vous ma bien-aimée, mon épouse, et venez recevoir la couronne qui vous est destinée.

v. Priez pour nous, sainte Ulphe,

r. Afin que nous soyons rendus dignes des promesses de Jésus-Christ.

v. Seigneur, exaucez, etc.

Optata jam venit dies;
    Labor fugit et dolor
Æterna te manet quies,
    O tu nostra spes, amor,
Virgo, respice clientes
    Sis usque nostri memor.

Ant. Jam hiems transiit; imber abiit et recessit... Surge, amica mea, speciosa mea, et veni.

v. Ora pro nobis, sancta Ulphia,

r. Ut digni efficiamur promissionibus Christi.

v. Domine, exaudi, etc.

L'Oraison comme ci-dessus à Matines.

RECOMMANDATION APRÈS L'OFFICE.

Recevez, glorieuse sainte Ulphe, cet office que nous venons de réciter en votre honneur. Puissions-nous toujours éprouver les effets de votre protection dans les périls de

Quod solvimus officium
Suscipe, mater Ulphia:
Sentiamus præsidium
Inter vitæ discrimina;
Sed magis fer auxilium,
Nobis in agonia;

Ut ævi post exilium Tecum simus in patriâ. Amen.	la vie ; mais daignez surtout nous assister au moment de la mort, dans nos derniers combats, afin qu'après ce triste exil, nous ayons le bonheur d'être avec vous dans l'éternelle patrie. Ainsi soit-il.

LITANIES DE SAINTE ULPHE.

Kyrie, eleison.	Seigneur, ayez pitié de nous.
Christe, eleison.	Christ, ayez pitié de nous.
Kyrie, eleison.	Seigneur, ayez pitié de nous.
Christe, audi nos.	Christ, écoutez-nous.
Christe, exaudi nos.	Christ, exaucez-nous.
Pater de cœlis Deus, miserere nobis.	Dieu le Père, qui êtes aux cieux, ayez pitié de nous.
Fili Redemptor mundi Deus, miserere nobis.	Dieu le Fils, Rédempteur du monde, ayez pitié de nous.
Spiritus Sancte Deus, miserere nobis.	Dieu le Saint-Esprit, ayez pitié de nous.
Sancta Trinitas unus Deus, miserere nobis.	Sainte Trinité, seul Dieu en trois personnes, ayez pitié...
Sancta Maria, ora pro nobis.	Sainte Marie, priez pour nous.
Sancta Dei Genitrix,	Sainte Mère de Dieu,
Sancta Virgo Virginum,	Sainte Vierge des Vierges,
Sancta Maria Beatæ Ulphiæ mater et patrona,	Sainte Marie, mère et patronne de sainte Ulphe,
Sancta Ulphia, cœli benedictionibus præventa,	Sainte Ulphe, prévenue des bénédictions du ciel,
Sancta Ulphia, dono fidei singulariter ornata,	Sainte Ulphe, ornée du don excellent de la foi,
Sancta Ulphia, spei virtute insignita,	Sainte Ulphe, affermie par la vertu d'espérance,
Sancta Ulphia, ardenti charitate succensa,	Sainte Ulphe, embrasée d'une ardente charité,

(Ora pro nobis.) — *(Priez pour nous.)*

Sainte Ulphe, éclairée par l'esprit de sagesse et de conseil,	Sancta Ulphia, spiritu sapientiæ et consilii illustrata,
Sainte Ulphe, remplie de l'esprit de force et de piété,	Sancta Ulphia, spiritu fortitudinis et pietatis repleta
Sainte Ulphe, admirable par votre ardeur pour la prière,	Sancta Ulphia, orationis studio admirabilis,
Sainte Ulphe, qui avez méprisé si généreusement les choses de ce monde,	Sancta Ulphia, rerum humanarum generosa contemptrix,
Sainte Ulphe, ennemie des délices du siècle,	Sancta Ulphia, sæculi deliciis infensissima,
Sainte Ulphe, prodige d'innocence et de chasteté,	Sancta Ulphia, innocentiæ et castitatis prodigium,
Sainte Ulphe, qui avez tant aimé la pauvreté évangélique.	Sancta Ulphia, evangelicæ paupertatis amantissima,
Sainte Ulphe, admirable par l'austérité de votre vie et votre amour pour la pénitence,	Sancta Ulphia, austeritate vitæ et amore pœnitentiæ conspicua,
Sainte Ulphe, qui ne vous êtes pas lassée dans le jeûne et les veilles,	Sancta Ulphia, in vigiliis et jejuniis indefessa,
Sainte Ulphe, si amie du silence et de la solitude,	Sancta Ulphia, silentii et solitudinis studiosissima,
Sainte Ulphe, miroir de la vie religieuse,	Sancta Ulphia, vitæ religiosæ speculum,
Sainte Ulphe, la fleur et la gloire des vierges,	Sancta Ulphia, flos et honor virginum,
Sainte Ulphe, athlète intrépide contre les démons que vous avez vaincus,	Sancta Ulphia, dæmonum victrix impavida,
Sainte Ulphe, la gloire et la protectrice de l'église d'Amiens,	Sancta Ulphia, ecclesiæ Ambianensis decus et præsidium,
Sainte Ulphe, l'ornement	Sancta Ulphia, gentis

Priez pour nous. — *Ora pro nobis.*

nostræ ornamentum ac tutela,

Sancta Ulphia, nostræ congregationis patrona,

Sancta Ulphia, omnium sacrarum Deo virginum custos et exemplar,

Sancta Ulphia, quæ à primævâ ætate Dei filium in sponsum elegisti,

Sancta Ulphia, quæ spretis mundi blanditiis, ad crucis vexillum evolasti;

Sancta Ulphia, quæ sæculi bonis et honoribus opprobrium Christi anteposuisti,

Sancta Ulphia, quæ in solitudine sicut lilium, inter spinas, floruisti,

Sancta Ulphia, cœlestis sponsi in altari latentis dilectione flagrantissima,

Sancta Ulphia, quæ virginum societatem in his regionibus prima instituisti,

Sancta Ulphia, quæ protectionis tuæ signa patribus nostris dedisti,

Ora pro nobis.

Ut rerum terrenarum concupiscentiam Deus à nobis amoveat, intercede pro nobis.

Ut timorem suum simul et amorem in cordibus

---

et la défense de notre pays.

Sainte Ulphe, patronne de notre congrégation,

Sainte Ulphe, gardienne et modèle de toutes les vierges consacrées à Dieu.

Sainte Ulphe, qui dès vos premières années, avez choisi le fils de Dieu pour époux,

Sainte Ulphe, qui méprisant les caresses du monde, vous êtes réfugiée sous l'étendard de la croix,

Sainte Ulphe, qui avez préféré aux biens et aux honneurs du siècle, les opprobres de Jésus-Christ,

Sainte Ulphe, qui avez fleuri dans la solitude comme le lis entre les épines,

Sainte Ulphe, embrasée d'amour pour le céleste époux caché dans le saint-Sacrement de l'autel,

Sainte Ulphe, qui la première avez établi dans ces contrées une société de vierges,

Sainte Ulphe, qui avez donné à nos pères des marques éclatantes de votre protection,

Priez pour nous.

Afin que Dieu nous préserve des désirs terrestres, intercédez pour nous.

Afin que le Seigneur mette et conserve dans nos cœurs

sa crainte et son amour, intercédez pour nous.

Afin qu'il détruise en nous l'esprit d'orgueil,

Afin que nos âmes purifiées des souillures de la chair soient élevées aux désirs célestes,

Afin que l'antique foi et piété revive parmi nous,

Afin que les vierges consacrées à Dieu ne s'écartent jamais de l'esprit de leur vocation,

Afin que les pécheurs fassent pénitence,

Afin que les justes persévèrent constamment dans la voie du salut,

Afin que notre association réunie sous vos auspices s'augmente en nombre et en ferveur,

Afin que toutes les pieuses associations qui ont Marie pour patronne répandent partout la bonne odeur des vertus,

Afin que le Seigneur daigne accorder aux fidèles, des Ministres selon son cœur,

Afin que tous les pasteurs de l'église édifient leur troupeau par leurs discours et leurs bons exemples,

Afin que Jésus et Marie nous assistent au moment de la mort,

Intercédez pour nous.

nostris Dominus inserat et custodiat, intercede pro nobis.

Ut in nobis spiritum superbiæ extinguere dignetur,

Ut mentes nostras inquinamentis purgatas ad cœlestia desideria erigat,

Ut antiqua fides et pietas apud nos reviviscat,

Ut sacrarum virginum cœtus à spiritu vocationis suæ nunquam recedant,

Ut peccatores pœnitentiam agant,

Ut justi in viâ salutis constanter perseverent,

Ut nostra sodalitas sub tuo nomine adunata, numero et fervore concrescat,

Ut omnes piæ societates sub Mariæ vexillo congregatæ, bonum odorem ubique diffundant,

Ut fidelibus præposis sacerdotes secundùm cor suum Dominus condere dignetur,

Ut omnes ecclesiæ pastores gregibus suis verbo et exemplo præluceant,

Ut in extremo vitæ nostræ articulo, Jesus et Maria nobis adesse dignentur,

Intercede pro nobis.

Agnus Dei, qui tollis peccata mundi, parce nobis, Domine.

Agnus Dei, qui tollis peccata mundi, exaudi nos, Domine.

Agnus Dei, qui tollis peccata mundi, dona nobis pacem.

v. Ora pro nobis, sancta Ulphia ;

r. Ut digni efficiamur promissionibus Christi.

Agneau de Dieu, qui effacez les péchés du monde, pardonnez-nous, Seigneur.

Agneau de Dieu, qui effacez les péchés du monde, exaucez-nous, Seigneur.

Agneau de Dieu, qui effacez les péchés du monde, donnez-nous la paix.

v. Priez pour nous sainte Ulphe.

r. Afin que nous soyons rendus dignes des promesses de Jésus-Christ.

ORAISON.

Omnipotens sempiterne Deus qui beatam Ulphiam virginem singulari castitatis et pœnitentiæ dono præventam, in his nostris regionibus, clarescere voluisti ; da quæsumus ut innocentem non secuti, ipsam pænitentem imitemur. Per Dominum.

Dieu éternel et tout-puissant, qui avez voulu que la bienheureuse vierge sainte Ulphe, prévenue d'un don singulier de chasteté et de pénitence, devint célèbre dans nos contrées par d'éclatants miracles ; faites que, si nous ne l'avons pas suivie dans la voie de l'innocence, nous l'imitions dans la carrière de la pénitence. Par N.-S. J.-C...

POUR TOUS LES MEMBRES DE LA CONFRÉRIE DE SAINTE ULPHE.

Ant. Florete, Christi flores, quasi lilium ; et date odorem, et frondete in gratiam ; et benedicite Dominum in operibus suis. (*Eccles.* 29).

v. Benedicam Dominum in omni tempore ;

r. Semper laus ejus in ore meo.

Ant. Fleurs de Jésus-Christ, fleurissez comme le lys ; répandez un doux parfum, par vos exemples ; entourez-vous d'un agréable feuillage de vertus ; et bénissez le Seigneur dans ses œuvres.

v. Je bénirai le Seigneur en tout temps ;

r. Sa louange sera toujours à ma bouche.

ORAISON.

Daignez, Seigneur Jésus, jeter les yeux sur cette famille qui s'est formée sous le nom de sainte Ulphe, votre servante, et qui combat sous l'étendard de cette généreuse Vierge, faites que les Membres de cette Congrégation, instruits par les exemples de leur glorieuse Patronne, et assistés de son secours, repoussent les attaques de leurs ennemis visibles et invisibles, et triomphent de leur malice. Vous qui étant Dieu, vivez et régnez, avec le Père et le St.-Esprit, dans tous les siècles.

Respice quæsumus, Domine Jesu, super hanc familiam in nomine beatæ Ulphiæ virginis, coadunatam et sub ejus vexillo militantem; et præsta ut illius exemplis instructa et intercessionibus adjuta, hostium visibilium et invisibilium nequitias repellat et superet. Qui vivis et regnas Deus.

A SAINT DOMICE.

Ant. Heureux l'homme qui a été trouvé sans tache, qui n'a pas couru après l'or et n'a pas mis son espérance dans l'argent et les richesses. Cet homme où est-il? et nous le louerons: car il a fait des merveilles en sa vie.

℣. Le juste fleurira comme le palmier;

℟. Il se multipliera comme le cèdre du Liban.

℣. Seigneur exaucez ma prière;

℟. Que mes cris montent vers vous.

Ant. Beatus vir qui inventus est sine maculâ, qui post aurum non abiit, nec speravit in pecuniâ et thesauris, quis est hic? et laudabimus eum. Fecit enim mirabilia in vitâ suâ.

℣. Justus ut palma florebit;

℟. Sicut cedrus Libani multiplicabitur.

℣. Domine, exaudi orationem meam;

℟. Et clamor meus ad te veniat.

ORAISON.

Dieu de miséricorde, exaucez les prières d'une famille qui vous appartient, et par l'intercession de saint Domice,

Vota familiæ tibi devotæ, Deus miserator, exaudi et intercedente beato Domitio, concede ut ancillæ tuæ quæ tibi placita sunt videant, et quæ viderint, fideliter exequantur; Per Dominum nostrum Jesum Christum.

v. Domine, exaudi orationem meam;

ʀ. Et clamor meus ad te veniat.

Fidelium animæ per misericordiam Dei requiescant in pace.

Amen.

accordez à vos servantes la grâce de connaître ce qui peut vous être agréable et de l'exécuter fidèlement; Par N.-S. J.-C...

v. Seigneur, exaucez ma prière;

ʀ. Que mes cris montent vers vous.

Que les âmes des fidèles qui sont morts, par la miséricorde de Dieu, reposent en paix !

Ainsi soit-il.

FIN.

IMP. DE LEDIEN FILS.